JN387181

기독교문서선교회

Christian Literature Crusade
983-2, PANGBAE-DONG SOCHO-KU SEOUL, KOREA

조나단 에드워즈의 생애

정부홍 著

기독교문서선교회

The Life of Jonathan Edwards

By
Rev., Bu-Hong Jong

1999
Christian Literature Crusade
Seoul, Korea

저자 서문

　이제는 우리가 한국 교회에 대해 많은 것을 생각 해보고서 돌이켜야 살 수 있는 때이다. 기독교 초대교회와 한국 초기 교회의 신앙의 조상들이 물려준 아름다운 신앙과 종교개혁의 선배들이 물려준 유산 위에 현대 기독교와 교회가 섰다. 그러나 그 아름답고, 자랑스럽고 빛나는 하나님의 교회의 영광이 많이 퇴색되어 가고 있는 모습을 본다는 것은 너무나 큰 슬픔이다. 그것은 무엇보다도 훌륭한 신앙의 인물이나 지도자를 상실한 데서 오는 영적 빈곤일 것이다. 우리는 이 일을 어떻게 극복할 수 있을 것인가 하고 깊이 기도해야 할 것이다.
　훌륭한 신앙의 인물은 지금까지도 어렵지 않게 있어 왔다. 하나님 안에서는 누구든지 귀히 쓰임받는 그릇이 될 수 있기 때문이다. 그러나 그런 인물이 될 수 있는 본보기를 찾는 것은 쉬운 일이 아니다. 나는 지난 10여 년 간에 걸쳐서 조나단 에드워즈와 또 그에 관한 책을 읽고 나의 신앙과 하나님과 그리스도에 대한 그리고 교회에 대한 영적 관심과 자세가 바뀌게 되었다. 그리고 미국의 영적 대각성에 뜻있는 친구들과 평신도들 그리고 지도자들 가운데 경건한 분들과 교제하면서 발견한 사실은 그들이 한결같이 일찍부터 조나단 에드워즈의 저서들을 읽고 그가 드렸었던 자기 국가와 세계 교회들의 부흥을 위한 기도를 그들도 하게 되었다라는 것이다.

독자들도 먼저 조나단 에드워즈의 전기를 읽고 그의 다른 저서들과 작품들을 읽는다면 에드워즈를 이해하는 데 도움이 될 것이다. 무엇보다도 그의 전기를 통해서 얻을 수 있는 유익은 어떻게 해야 한 어린 청년이 잘 자라서 신앙의 지도자가 될 수 있는지, 어떻게 해야 한 신앙인으로서 자기 생활에 충실할 수 있는지, 한 목사가 목회와 자기 사역을 어떻게 감당해야 하는지, 신학자는 어떠한 학자가 되어야 하는지, 그리고 우리는 무엇을 기도해야 하는지, 어떻게 부흥과 영적 대각성 사역을 해야 하는지, 무엇을 후손과 후배에게 남겨 주어야 하는지를 배울 수 있다는 것이다.

뉴욕에서 술제조업을 하여 많은 돈을 벌었던 막스 슐츠라는 사람과 조나단 에드워즈의 후손들의 직업을 컴퓨터로 통계해 보았더니, 전자의 후손들은 무기수, 암살범, 마약범, 창녀, 자살자 따위로 분류되는 반면 에드워즈의 후손들은 부통령, 문학가, 선교사, 목사, 총장 따위로 분류되더라는 것이다. 우리가 조나단 에드워즈같이 산다면 하나님의 축복이 우리의 후손들에게도 더할 것으로 확실히 믿는다. 그런 축복을 갈망하는 한국 교회의 모든 신학자, 목회자, 신학생, 평신도들에게 본서의 일독이 아니라 최소 삼독을 권하는 바이다.

이 책을 만들기까지 많은 분들의 도움과 도서관들의 지원이 있었다. 먼저 에드워즈에 대해서 소개해 주시고 가르쳐 주신 은사 고신대학 황창기 교수님께 감사드리며, 미국 Richmond에 계시는 William Anne 사모님께 이 책을 위해서 기도해 주시며 자기 남편 목사님께서 가지고 계시던 많은 자료들을 제공해 주신 데 대해 감사드린다. 영적 대각성 모임 회원 목사님의 연구와 기도의 도움을 많이 받아 감사드린다. 그리고 청교도 신앙과 사상에 대해서 특별한 관심과 식견을 지니신 기독교문서선교회 회장 박영호 목사님과 기획부 이승현 목사님 편집부 채천석 목사님께 심심한 감사를 드린다. 무엇보다도 이 책의 완성을 위해서 시간을 만들어 준 아내 최윤정에게 감사와 사랑을 보낸다. 그리고 이 책의 발행에 대해서 가장 기뻐하시고 독자에게 역사하실 하나님의 성령께 감사를 드린다.

1996년 11월 2일
정 부 홍 목사 識

목 차

저자 서문

제1장 청교도 조상과 어린 시절 9
제2장 대학생활과 회심사건 15
제3장 노스햄프턴 회중교회 목회와 일상 가정생활 43
제4장 영적 대각성 69
제5장 에드워즈 부인의 체험 103
제6장 참된 부흥과 거짓된 부흥 107
제7장 노스햄프턴의 분쟁과 사직 115
제8장 스탁브리지 교회 목회와 선교사역 125
제9장 중요 작품과 신학사상 129
제10장 프린스톤 신학교장과 죽음 157
제11장 에드워즈에 대한 종합 평가 163

조나단 에드워즈 생애의 연대기

제1장

청교도 조상과 어린 시절

1. 동원저(East Windsor)에서 출생(1703)

조나단 에드워즈의 아버지 디모데 에드워즈 목사는 1669년 5월 헷포어드에서 태어나 1691년에 하버드대학교를 우수한 성적으로 졸업하고 1695년 3월에 커넥티컷강 상류에 있는 윈저 팜스(동원저) 회중교회에서 안수받고 그 교회 초대 목사가 되었다. 그는 그 교회의 목사로서 63년 이상 일했으며 1758년 1월 27일에 세상을 하직하고 하늘의 부름을 받았다. 그리고 조나단 에드워즈의 어머니는 노스햄프턴에서 유명한 사역자인 솔로몬 스토다드 목사의 딸 에스더 스토다드로서 1672년에 태어나 1694년 11월 6일에 결혼하고 열한 자녀를 낳아 양육하였다. 조나단의 친할아버지 리차드 에드워즈는 헷포어드(미국 커넥티컷주의 주도〈州都〉)의 부유한 상인이었다. 그렇지만 알맞은 규모의 농장을 사들여서 정취 있는 주택을 지었다. 그 집은 튼튼하고 실속 있는 보통 수준의 집이었고 중간에는 굴뚝이 있었으며, 그 당시의 모든 다른 집들과 같이 방문턱에까지 걸어서 들어갈 수 있게 되어 있었다. 커넥티컷주의 윈저 팜스에 있었던 바로 그 집에서 조나단 에드워즈는 외아들로 1703년 10월 5일에 태어났다. 에드워즈와 스토다드 두 가정은 북아메리카의 해변으로 향하는 대청교도 이주운동에 참가하였던 가정이다. 1627년과 1640년 사이에 약 4,000명의 사람들이 찰스 1세의 정책과 대주교 로드의 박해로 말미암아 쫓겨나서 영국을 떠나 매사추세츠만 연안으로 항해해 왔다. 그들이 개척되지 않아 사람이 살지 않는 황야 같은 곳으로 부름받은 것은 물질적인 문제 때문이 아니라, '새로운 영국'(New England)을 건설하여 그 곳에서 자기 자녀들과 함께 순수한 복음을 맛보며 전파하고자 하는 희망 때문이었다.

그들만큼 자기들의 영적 지도자들을 사랑하고 아꼈던 사람들도 없었을 것이다. 훅크, 쉐퍼드, 윌슨, 마트와 그 형제들은 옛 영국이 다시는 볼 수 없을 정도로 귀중한 목사들이었다. 웰시 가문의 한 사람이었던 리차드 에드워즈 목사는 17세기 초에 런던에서 사역하셨던 분이다. 그러나 그는 이런 뉴잉글랜드 지도자들의 대열에서 두각을 나타내기에는 너무 일찍 세상을 하직하였다. 그러나 그분이 죽은 이후에 그의 아내와 젊은 아들 윌리엄 에드워즈(조나단 에드워즈의 증조부)가 대서양을 건너 커넥티컷주 헷포어드에 도착한 것은 1640년이었다.

2. 유년 시절의 교훈과 체험(1716~1722)

우리는 조나단 에드워즈와 10명의 자매들이 동원저의 농장에서 소년 시절을 어떻게 보냈는지는 잘 모르지만 비옥한 토지와 아름다운 풍경은 소년의 마음을 유쾌하게 만들어 주었을 것이다. 그리고 가정에서 잘 훈련된 경건한 분위기가 그러한 즐거움들을 조금도 방해하지는 않았을 것이다. 도리어 에드워즈 가문의 청교도 정신은 자녀들의 관심을 한층 더 고상한 즐거움과 영적인 데로 계속 이끌어 줄 수 있었을 것이다.

매일의 성경 묵상과 은밀한 기도의 필요성, 시간의 소중성 그리고 하나님의 영광을 위하여 자신들의 모든 능력들을 개발시켜야 한다는 의무감이 어린 시절부터 그 아이들을 훌륭하게 만들어 주었던 훈련이 되었을 것이다.

군목의 지위에 있었던 아버지가 1711년에 캐나다로 향한 위험한 원정을 앞두고 그의 아내에게 쓴 편지는, 자기 자녀들에 대해 늘 갖고 있었던 가장 중요한 관심이 무엇인가를 나타내어 준다.

에스더, 엘리사벳, 엔, 마리아, 조나단, 유니게 그리고 아비가일에 대한 나의 사랑을 기억해 주시오. 주님은 은혜를 베풀어 주셔서 그들 모두를 영원히 구원해 주시고 우리의 귀여운 제루샤도 그렇게 해 주셨소. 주님은 나와 당신의 영혼뿐만 아니라 자녀들의 영혼까지도 인생의 모든 곤궁 가운데서 붙들어 주시는 분이오. 아이들에게 전해 주시오. '만약 너희들이 아빠를 다시 만나 보기를 원한다면, 그리고 무엇보다도 젊었을 때 그리스도 예수 안에 있는 하나님의 은혜를 간구한다면, 은밀히 아빠를 위해서 기도해 다오.'

그의 부모는 자녀들의 구원에 대해서 항상 멀리서도 염두에 두고 관심을 기울이고 있었던 것이다.

조나단 에드워즈는 1716년 5월 10일 부재 중인 자기 누나에게 편지하면서 다음과 같이 일러 준다.

> 하나님의 놀라운 은혜와 선하심으로 말미암아 이곳에 하나님의 영이 매우 대단할 정도로 쏟아 부어졌어. 지금도 계속되고 있지만 약간은 감소되었다고 생각해. 그렇다고 심각한 정도는 아니야. 매주 월요일에는 30명 이상 되는 분들이 자신의 영적 상태에 대해서 상담하기 위해 찾아오고 있어….

비록 조나단 에드워즈는 12살밖에 안되었지만 그렇게 썼었다. 약 스무 살 정도 되었을 때에 썼던 글을 살펴보면, 어린 시절에 경험한 신앙적 감동들이 성령께서 중생케 해주시는 정도에는 못 미치는 것이었음을 우리에게 보여 준다.

> 나는 어린 시절부터 나의 영혼을 위해 여러 가지 관심을 가졌으며 또 실천을 하였다. 나에게 새로운 성품과 또 신앙에 대한 새로운 의미를 갖도록 해 주었던 변화를 겪기 전에 더욱 주목할 만하였던 두 번의 각성 시기가 있었다. 첫번째는 아버지께서 목회하셨던 회중 가운데서 일어났던 놀랄 만한 각성의 시기로 뉴헤이븐에 있는 예일 대학에 입학하기 몇 년 전 소년 시절이었다. 그 때에 여러 달 동안 매우 큰 감동을 받았으며, 내 신앙의 상태와 내 영혼의 구원을 위해 염려하였다. 그리고 예배에 빠지지 않고 열심히 참석하였다.
>
> 매일 다섯 차례씩이나 은밀히 기도하였다. 학교 친구들과 함께 연합하여 기도의 장소를 마련하기 위해 외딴 곳에 오두막을 지었다. 그 외에도 숲 속에 자신만을 위해 특별히 은밀한 장소를 만들

어서 그 곳에서 늘 규칙적으로 혼자 은둔하였다. 이따금씩 무척 마음이 뜨거워졌다. 마음에 활력이 솟고 마음이 감동되는 것 같았다. 신앙의 의무를 다할 때면 내가 정말 마땅히 있어야 할 곳에 있는 것 같았다.

 생각건대 많은 사람들이 그런 감동과 내 자신이 믿음으로 얻었던 그러한 종류의 기쁨을 받았을 때 그것을 은혜로 착각하였던 것 같다.

제 2 장

대학생활과 회심사건

1. 뉴헤이븐의 예일 대학생활

　에드워즈는 1716년 9월에 뉴헤이븐에 있는 예일 대학에 입학하였다. 지금까지는 아버지로부터 가정에서 교육을 받았으며, 그 조그만 가정학교를 통하여 여섯 살 때 라틴어 공부를 시작할 수 있었으며, 대학에 입학할 때까지 지식을 연마할 수 있는 기초들을 잘 닦을 수 있었다. 대학에서 6년 동안 익힌 학문 연구방법과 습관은 훗날 설교와 저술에 많은 도움을 주었다. 종교개혁자들과 마찬가지로, 청교도들도 복음과 건전한 학문의 조화에 대해 의심하지 않았다. 대학생활을 하면서 집으로 보낸 몇 통의 편지가 남아 있는데 이 편지들은 초창기 예일 대학에 대한 재미있는 이야기들과 여러 가지 어려움들을 만나 겪었던 일들에 대해서 잘 전해 준다. 일주일에 식비는 5실링을 지불하였다. 에드워즈가 소속되었던 반에서 1720년, 곧 자신이 17세가 되기 전에 학위 과정을 끝냈다. 그러나 그는 목회 사역을 스스로 준비하기 위해서 대학에 2년 간 더 머물렀다. 바로 그 2년은 에드워즈가 자신의 회심을 체험하였던 시기로 추정된다. 지금까지의 어린 시절의 회개와 감동들은 점점 사라져 버렸다. 그리고 은밀한 기도의 즐거움조차 깨어져 버렸음을 말해 준다. 때로는 매우 불안해 하였지만 그것은 다음과 같은 사실을 전해 준다.

특별히 나의 대학생활 후반 2년 동안은 하나님을 기쁘시게 해 드릴 수 있었다. 하나님은 늑막염으로 나를 붙잡으셨다. 거의 죽음에 가까운 지경으로 끌어가셔서 지옥의 구덩이 아래로 나를 떨어뜨리셨다…과거에는 전혀 찾아볼 수 없었던 자세로 구원을 얻으려고 몸부림쳤다. 나는 그리스도 안에 있는 축복 때문에 세상에 있는 모든 것들을 단념하고자 하는 영혼을 통절히 느꼈다. 내 생애에 있어서 가장 중요한 구원을 찾고 있었다….

어린 시절부터 줄곧 나는 도저히 이해할 수 없었다. 하나님께서 영생 주시길 원하시는 자는 택하시고, 하나님께서 기뻐하셨던 자를 거절하시기도 하시며, 영원히 멸하시기 위해 버리시고, 영원히 지옥의 고통을 받게 하시는 그런 하나님의 주권 교리에 대해 몹시 반대하는 감정으로 가득 차 있었다. 그것은 내게 너무나 불쾌한 교리같이 계속 마음에 떠올랐다. 그러나 그 이후 회심하게 되었을 때에는 매우 유익한 것이라고 생각하였다. 이제는 그러한 하나님의 주권과 그렇게 사람을 대하시는 하나님의 영원한 심판에 대해 극히 만족하게 되었다…그 때부터 지금까지 하나님의 주권 교리에 대해 놀라운 생각의 변화가 있었다. 그리하여 이제까지 절대적인 최고의 감정 속에서, 하나님께서 원하시는 자에게 은혜를 베푸시며, 또 다른 사람을 강퍅케 하시는 교리에 대해서 조금도 반대 감정이 일어나지 않았다…제1차의 회개를 한 이후에는 하나님의 주권에 대한 전혀 색다른 감정을 갖게 되었다. 나는 그 이후에 종종 뉘우쳤을 뿐만 아니라 기쁨이 충만한 회개도 하였다. 그 교리는 매우 통쾌하고 밝고 상냥한 것으로 나타났다. 절대 주권은 내가 서술하기 좋아하는 것이 되었다. 하지만 과거에는 그렇지 못했다.

내가 기억하기로, 하나님 안에서 거룩한 상태로 느끼는 내적이며 달콤한 기쁨을 충만히 누리며 생활하였던 첫번째 사건은 신약성경 디모데전서 1장 17절을 읽고 있었을 때였다. '만세의 왕 곧 썩지 아니하고 보이지 아니하고 홀로 하나이신 하나님께 존귀와 영광이 세세토록 있어지이다 아멘.' 이 말씀을 읽을 때 마치 내 영혼 속으로 들어와 녹아서 퍼져 들어오는 것 같았다. 하나님의 영광에 대한 감정! 이전에 경험하였던 것과는 전혀 다른 새로운 감정이었다. 성경의 어떤 말씀도 이와 같은 말씀은 없는 것 같았다. 하나님의 탁월하심 때문에 하나님을 즐거워한다면 얼마나 행복하게 되겠으며 하늘에 계신 하나님께 몰두한다면 그리고 하나님께 영원히 사로잡힌바 된다면 얼마나 행복하게 되겠는가 하고 생각해 보았다….

나는 그 때부터 그리스도와 구속 사역과 그리스도로 말미암는 영광스러운 구원의 방법에 대해서 새로운 이해와 생각을 하게 되었다. 이러한 것들에 대한 내적이고 좋은 감정이 때때로 내 마음속으로 흘러 들어왔다. 나의 영혼은 그러한 일들에 대한 묵상과 즐거운 생각에 몰입되었다. 성경을 읽으면서 그리스도와 그분의 인격의 아름다움과 탁월성 및 은혜로 말미암는 구원의 훌륭한 방법을 묵상하는 시간을 보내면서 거기에 몰두하였다. 이러한 주제들을 다룬 성경처럼 기쁨을 줄 수 있는 다른 책들을 발견하지 못했다. 첸트(Chant, 중세기 교회음악 형태로서 주로 단음으로 제창하는 찬송가이다) 2장 1절의 '주는 샤론의 꽃이요, 주는 저 산 밑의 백합화'라는 가사는 늘 나의 마음을 가득 차게 해 주었다. 그 가사는 내게 예수 그리스도의 사랑하심과 아름다우심을 멋지게 표현해 주는 것이 된다…나의 선한 생활 상태에 크게 만족하였으나 그것이 내 마음에 평안을 준 것은 아니다. 내 영혼이 하나님과 그리스도로 인해 더욱 거룩해지기를 열망하였다. 그렇게 하여 내 마음은 충만케 되었고 터질 것만 같았다. 이 열망은 시편 기자의 말씀 곧 시편 119편 28절 '나의 영혼이 눌림(갈망함)을 인하여 녹사오니'라는 말씀으로 표현할 수 있었다. 나는 종종 마음속에 슬픔과 비애를 느꼈으며, 하나님께 더 빨리 돌아오지 않았던 것과 은혜 가운데 성장하기 위해서 더 많은 시간을 드렸어야 했다는 것을 느꼈다…해를 거듭할수록 하나님의 일들을 생각하며, 자주 숲 속을 홀로 걸으며 명상과 독백 그리고 기도로 하나님과 교제하면서 대부분의 시간을 보냈다. 나는 거의 절규하는 듯이 기도를 계속하였다. 기도는 호흡과 같이 자연스러운 것이 되었다. 이로써 속에서 타는 불이 입 밖으로 터져 나왔던 것이다. 지금 내가 신앙 안에서 느끼는 기쁨은 이전에 언급하였던 것과는 비교할 수 없는 것이다. 소년 시절에 느꼈던 것과는 엄청나게 다른 것이다. 그 때에는 마치 날 때부터 소경이었던 사람의 눈이 뜨여 상쾌하고 아름다운 색깔들을 보았을 때에 느끼는 그런 기쁨 이상의 것이었다. 그런 기쁨들은 더욱 내적이며 순수하고 영혼을 다시 살리며 새롭게 만드는 성질의 것이었다. 그 이전에는 기쁨들이 마음에 전혀 와 닿지 않았으며, 아무리 하나님의 사역의 탁월성을 바라보아도 냉담하였을 뿐이다. 그러므로 영혼을 만족케 하시며 생명주시는 것을 체험하는 것은 하나님이 역사해 주셔야 가능한 일이다.

2. 회심 체험

에드워즈는 뉴헤이븐의 학부 과정을 졸업한 후와 대학원 진학 첫해 사이에 신앙의 새로운 내적 자각과 변화가 필요하다는 것을 느꼈다. 그리고 자신의 결심으로는 결단코 얻을 수 없는 자기 자신으로부터의 구원이 필요하다는 것을 느꼈다. 당시 그가 기록한 글은 다음과 같다.

> 정말 나는 전에 없던 태도로 구원얻기를 간구하게 되었다. 나는 그리스도 안에 있는 유익을 얻기 위해서 세상에 있는 모든 것들을 다 포기할 마음이 있음을 느꼈다. 나의 마음은 많은 감동적인 사상과 영적 투쟁으로 계속 가득 찼다….

에드워즈가 '새로운 깨달음'에 이르기 전에 쓴 마지막 편지는 1721년 3월 1일에 예일에서 자기 아버지에게 보낸 것이다. 그는 그 대학에 대해서 2년 전에 썼던 것과 같은 들뜬 마음으로는 더 이상 쓸 수 없었다. 학생회의 소식은 모두 나쁜 것뿐이었다. 그는 대학 공유지에서 공급되는 식량 때문에 교수들 사이에서 일어난 '반란'과 크틀러 학장에 대한 계속되는 불만에 대해서 보고해야 했다. 에드워즈는 과거에 동원저에 있었던 한 학생이 데모에 가담했는데 그 학생이 자신의 충고를 듣지 않았던 것을 사과했다는 사실을 자기 아버지에게 알린 것을 후회하였다. 다음은 나쁜 소식에 관한 내용이다.

비록 그런 데모들이 빠르게 진정되었으나 훨씬 더 크고 악랄한 것이 계속되었습니다. 그것은 이전에 대학에 있었던 것보다 더 심한 소동이라고 믿습니다. 그런 혼란들은 몇몇 소름끼치는 불경건한 일과 최근 대학 내에서 범한 부도덕한 행위들이 드러남으로써 야기되었습니다. 닭, 거위, 고기, 나무를 훔침, 불순한 목적으로 밤에 돌아다니기, 이웃의 창문을 깨기, 카드놀이, 저주, 고발, 욕, 나쁜 말버릇 이런 것들이 학교 내에서 지금처럼 극에 달한 경우가 없었습니다.

학장님은 그 때에 열릴 것이라고 예상되고 있던 이사회를 소집하였습니다. 그 결과 일부는 퇴학시키고 또 일부는 공개 경고를 내릴 것이라고 했습니다.

나는 하나님의 선하심으로 말미암아 그들의 모든 말다툼에 빠지지 않았습니다. 대학에서 나의 현재 상태는 모든 면에 있어서 편안합니다. 나는 같은 방의 친구(웨더필드의 사촌 엘리샤 믹스)와 사이좋게 지내고 있습니다. 저는 학생들 중 어느 누구와도 말다툼을 하지 않았습니다. 그러나 그들이 아직도 이전처럼 함께 어울리자고 귀찮게 굴지만 이사회에 의해서 그들이 처리될 것이라고 봅니다… 저는 현재 아주 건강합니다. 대학과 마을도 좋은 상태입니다. 나는 유창목(lignum vitae-아프리카산, 생명의 나무라고 일컬음, 약용)을 먹으려고 합니다. 친구를 방문하는 것에 대해 많이 시정하고 앞으로 더 많이 시정하도록 하겠습니다. 지난번 편지에서 말씀하셨던 코트는 집에 돌아갈 때까지는 필요 없을 것 같습니다. 2주 전에 메리 누나로부터 편지를 받았습니다. 그리고 그 곳에서 직접 온 사람에게서 누나의 소식을 들었습니다. 아버지, 제가 4월에 집에 가야 할지 아니면 6월까지 계속 있어야 할지 말씀해 주세요. 어머니께 안부를 전해 주시고 누이들과 메리 누나에게도 전해 주세요.

존경하옵는 아버지,

현재 나를 위한 은혜의 보좌 앞에서 자식의 도리를 늘 잊지 않겠습니다.

순종의 아들 조나단

이 편지에서는 개인적 체험에 대해 아무것도 알 수 없으나, 에드워즈는 자신의 상태를 간접적으로 드러내고 있다. '친구를 방문하는 것에 대해서' 시정하는 것이 그에게 어려운 이유는 단순히 내향적인 성격의 문제가 아니라 분명히 적극적인 어떤 것이 없어서 그런 것이었다. 그는 도덕적 심판대로부터 멀리 떨어져 서 있다. 그는 뻐딱한 친구들을 '충고' 하곤 하였지만, 그리스도인의 행복의 모범으로서 생활할 수 없었다. 그의 부모들은 동원저 목사관에서 그 편지를 읽고서, 아직도 꼭 있어야 할 한 가지가 부족하다는 것을 느낄 수 있었을 것이다.

에드워즈 자신의 말대로 하면, 그가 회심한 시기를 어느 정도 정확히 잡을 수 있을 것이다. 그가 말하기를 "하나님의 일들에 대한 새로운 깨달음"이 1722년 8월로부터 1년 6개월 전에 생겼다. 이미 우리가 살펴본대로 1721년 3월 1일자 편지에서 그런 경험을 했다는 암시를 찾아볼 수 없다. 그러나 "내가 새로운 성향을 띠게 된 변화와 그날부터 곧장 새로운 깨달음이 일어났다"는 결론을 받아들일 수 있는 이유가 있다. 그리하여 그가 집으로 돌아왔을 때 그는 그리스도에 대한 첫 사랑으로 말미암은 기쁨이 충만한 그리스도인이 되었다. '개인적인 이야기(Personal Narrative)'에 있듯이, 1721년에 일어난 일에 대한 에드워즈의 보고가 가장 확실한 진술이다.

내가 지금까지 수없이 들어온 하나님과 거룩한 일들에서 일종의 영적이고 달콤한 기쁨을 기억하는 첫번째 실례는 말씀(딤전 1:17)을 읽을 때이었다. '만세의 왕 곧 썩지 아니하고 보이지 아니하고 홀로 하나이신 하나님께 존귀와 영광이 세세토록 있어지이다 아멘.' 내가 이 말씀을 읽을 때, 나의 영혼 속으로 들어와서 온 영혼 속에 녹아 들어갔다. 정말 거룩하신 존재에 대한 깨달음, 새로운 깨달음, 내가 전에 경험하였던 것과는 판이하게 다른 것이었다. 그 말씀처럼 내 영혼에 와 닿았던 말씀은 없었다.

나는 혼자 생각했다. 그 거룩하신 존재는 얼마나 탁월하신지, 만약 내가 그 하나님을 즐거워한다면 얼마나 행복하게 될 것인가에 대한 생각에 빠졌다. 또 하늘에 계신 그분께 빠져 어찌할 바를 몰랐다. 마치 영원히 그분께 삼키운 것 같았다!

나는 계속하여 감탄하였다. 성경말씀으로 노래를 지어 불렀다. 하나님을 즐거워하기 위해서 하나님께 기도하러 갔다. 옛날과는 완전히 다른 마음으로, 일종의 새로운 열정으로 기도할 수 있었다. 그러나 그것이 내 생각 속으로는 결코 들어오지 않았다. 그것은 영적인 어떤 것이거나, 아니면 영적인 것 속에 있는 구원하는 성질일 것이다.

그 때부터 나는 그리스도, 구속사역, 그리스도를 통한 영광스러운 구원 방법에 대한 새로운 이해와 개념을 갖기 시작했다. 때때로 그런 것들에 대한 영적으로 달콤한 감정이 내 마음속으로 들어왔다. 그리고 내 영혼은 그런 일들을 즐거운 마음으로 생각하고 묵상함으로써 가만히 있지를 못했다. 내 마음은 성경을 읽고 그리스도와 그분의 아름다우심과 탁월하심과 그분 안에서 거저주시는 은혜로 말미암는 사랑의 구원 방법의 묵상에 몰두하고 있었다.

그런 주제들을 다룬 책들처럼 내게 즐거운 것은 없다. 찬송가 2장 1절 '나는 샤론의 꽃, 골짜기 백합…'은 항상 나의 마음을 충만케 해주었다. 그 가사들은 예수 그리스도의 사랑하심과 아름다우심을 은혜롭게 표현해 주었다. 찬송가 전체가 늘 내게 아주 즐거운 것이었다. 나는 그 때에 그것을 많이 읽고 묵상하는 시간마다 나를 이끌어 주시는 영적 즐거움을 얻었다… 내가 신성한 일들에 대해 가졌던 그 감정은 종종 갑자기 불붙고, 마치 내 마음속에서 불타고 있는 듯한 감미로움, 영혼의 향수, 내가 어찌 표현해야 좋을지 모르겠다.

그해 여름에는 고향으로 돌아오는 것이 즐거웠다. 잠시 후에 나는 처음으로 그런 일들을 체험하였다. 나는 아버지께 내 마음속에서 일어난 일들에 대해서 말씀드렸다. 아버지와 가진 대화를 통해서 매우 큰 감동을 받았다. 그 대화가 끝났을 때 묵상하기 위해서 아버지께서 운영하시는 목장의 한적한 곳을 혼자서 거닐었다. 그 곳을 걸으며 하늘의 구름을 쳐다보고 있었을 때 하나님의 영광스러운 권세과 은혜에 대한 달콤한 감정이 내 마음속으로 왈칵 들어왔다. 어떻게 형용할 수 있으랴! 존엄하심과 온유하심 이 두 가지가 합해진 하나의 달콤한 결합 속에서 권세와 은혜를 보는 것 같았다. 그것은 감미롭고 부드럽고 거룩한 권세였다. 또한 존엄한 온유하심이었다. 경건한 아름다움이었다. 높고 위대하시고 거룩하신 온유하심이었다.

다음의 글들은 에드워즈가 그리스도인으로서 새 생활을 시작했을 때 남긴 것들이다.

    그 후에 경건한 일들에 대한 감정이 점점 더 고조되고, 더욱더 활기를 띠고, 영적 즐거움을 더 많이 얻었다. 모든 것의 겉모습이 바뀌었고 거의 모든 일에서 차분하고 좋은 성품과 거룩한 영광의 모습이 있는 것 같았다. 늘 나의 마음을 안정시켜 주었던 모든 것 해, 달, 별, 들, 구름, 푸른 하늘, 풀, 꽃, 나무, 호수 등의 모든 피조물 안에서 하나님의 탁월하심과 지혜와 순결과 사랑이 나타나는 것 같았다. 그리고 그날 그런 것들 속에서 하나님의 아름다운 영광을 보기 위해서 구름과 하늘을 쳐다보면서 많은 시간을 보냈다. 잠시 동안은 창조주와 구속주에 대한 묵상의 내용을 나지막한 소리로 노래불렀다. 자연의 모든 작품들 중에서 희귀한 어떤 것은 천둥과 번개처럼 내게 신기하다. 과거에는 내게 그렇게 무서운 것이 아무것도 없었다. 옛날에는 천둥이 치면 소스라치게 놀랐다. 번쩍거리며 천둥치고 폭우가 쏟아지는 것을 보면 무서워서 벌벌 떨었다. 그러나 지금은 반대로 그것을 즐긴다. 천둥치고 폭우 내리는 첫 광경을 보고 하나님을 느낀다. 나는 그럴 때에 구름을 보고, 번갯불을 구경하고, 하나님의 무섭고 장엄한 천둥 소리를 듣고 내 자신을 안정시킬 수 있는 기회로 삼는다. 천둥은 종종 엄청나게 재미있는 것이다. 크시고 영광스러운 하나님을 즐겁게 묵상하도록 해준다. 이런 일들이 있을 때마다 노래를 부르고, 묵상의 내용을 읊조리거나 노래하는 목소리로 내 생각을 독백형식으로 말하는 것은 늘 자연스러운 일이었다.

    그 때에 나는 나의 선한 상태에 대해 큰 만족을 느꼈다. 그러나 그 상태가 만족을 주지는 않았다.

　나는 하나님과 그리스도를, 더욱 거룩해지기를 열정적으로 갈망하였다. 그리하여 심령이 가득 차 터질 것 같았다.

　자주 내 마음에 시편 기자의 말씀이 떠올랐다. '…항상 사모함으로 내 마음이 상하나이다'(시 119:20).

　나는 종종 더 일찍 하나님께 돌아오지 아니한 것과 은혜를 받기 위해 더 많은 시간을 드리지 아니한 것을 심령으로 애통하고 통회하였다. 묵상할 때마다 거의 그러했다.

　나는 해마다 거룩한 것들을 생각하고, 자주 하나님과 더불어 묵상하고, 독백하고, 기도하고, 대화하기 위해서 숲 속이나 한적한 장소들을 혼자 거닐면서 대부분의 시간을 보내었다. 그런 시간에 나의 묵상의 내용을 노래하는 것이 항상하는 습관이었다.

　나는 어디에 있든지 거의 계속적으로 절규하는 듯한 목소리로 기도했다.

　내 심령의 영적인 불을 호흡을 통하여 토해내는 것처럼 기도도 자연스러운 것이 되었다.

　지금 그런 신앙의 일들에서 느끼는 기쁨은 어렸을 때에 가졌던 것, 전에 언급했던 것과는 너무나 크게 다른 종류의 것이다.

　그리고 내가 그 때에 가졌던 것은 날 때부터 소경되었던 사람이 아름다운 색깔에 대해 가지고 있는 개념과 같은 것이었다.

　그것들은 보다 더 영적이며 영혼에 힘을 주고 새롭게 만드는 성질의 것이었다.

　그 이전의 기쁨은 결코 마음에 감동을 주지 못했으며, 하나님의 거룩하고 탁월하신 일들을 바라봄으로써 생겨난 것이 아니었으며 또한 그런 것들이 가지고 있는 영혼의 만족을 주고 생명을 주는 선한 것을 맛봄으로써 생겨난 것도 아니었다.

에드워즈가 초기에 얼마나 신앙에 푹 젖어 있었는지를 묘사하는 데에는 많은 분량의 글이 필요하다. 그러나 그는 훗날에 자기 인생의 이 시점에 대하여 다음과 같은 기록을 남겼다.

> 나는 매사에 완전한 그리스도인이 되고, 그리스도의 거룩한 형상을 닮기를 원하는 불타는 열망을 느꼈다. 그리하여 매사에 거룩한 법칙을 따라 살고자 했다…항상 내 자신을 시험하였고 거룩하게 살 수 있는 길과 방법을 찾기 위해 인생의 어떤 목표를 추구하는 것 이상의 더 큰 성실과 열심을 가지고 찾으며 연구하였다.
> 그러나 자신의 힘을 너무 지나치게 의지함으로 내게 큰 손해가 되었음이 훗날에 판명되었다. 그러므로 솔직히 말해서 나의 체험이 나의 심히 연약함과 무능함과 그것에 대한 대처 방안을 가르쳐 주지는 못했다. 더욱이 내 마음속에 있었던 한없는 은밀한 부정과 교만을 지적해 주지도 못했다. 그렇지만 나의 열심으로 계속 그리스도를 닮아가며 더욱 거룩해지기를 추구했다.

3. 뉴욕에서의 설교(1722~1723 봄)

회심을 체험한 에드워즈는 영적, 지적 준비를 마치고 사역을 시작할 수 있었다. 불과 19세의 나이에 복음을 전할 수 있는 설교사 자격(한국의 강도사 제도와 같이 안수받지 아니한 목회자)을 얻었다. 그의 첫 사역은 뉴욕(New York)에 있는 장로교 회중을 섬기는 일이었다. 1722년 초가을에 부임하여, 여기서 1722-1723년 겨울에 자기의 마음과 생활을 통제하는 지침서가 되는 성경을 가지고 일련의 규칙들을 만든 '결의문'(Resolutions)의 대부분을 썼다.

그 결의문은 본래 자신만을 위한 것이었다. 에드워즈는 복음의 기쁨들을 많이 체험하였지만 무엇보다도 하나님 앞에서의 즐거움과 이 세상에서의 자신의 쓸모는 복음과 훈련과 자아 부정(Self denial)에 달려 있음을 깊이 확신하게 되었다. 하나님을 영화롭게 하는 그릇이 되기 위해 자신을 정결케 하며 성화되기를 소원하며 또 주님의 사용과 모든 선행을 위해 준비하기를 소원하였다. 이 결의문은 "그리스도인의 임무에 대한 최고의 요약집, 지금까지 사람이 만들 수 있었던 것 중 복음적 선행 실천에 대한 최고의 지침서"로 평가된다. 결의문의 70개 조항 중에서 다음과 같은 것을 참고함으로써 그것을 잘 알 수 있을 것이다.

나의 하나님의 도우심 없이는 아무 일도 할 수 없다는 것을 알고, 이 결의 사항들을 그리스도를 위하여 그의 뜻에 합당한 은혜로 말미암아 지킬 수 있도록 그리스도께 겸손히 간구한다….

영적인 것이나 육적인 것이나, 크고 작은 일이나 하나님의 영광을 위한 것이 아니라면, 가능한 한 묵인하지도 아니하며 어떤 것도 행치 아니한다.

짧은 토막 시간도 허비하지 않고, 내가 할 수 있는 가장 유익한 방법으로 이용한다.

살아 숨쉬는 동안 전심전력하여 산다.

성경의 지식 속에서 자라가기 위해 나 자신을 발견하고 분명히 이해하기 위해 성경을 착실하게 끊임없이, 열심히 연구한다.

지난 주간보다 신앙이 더 높은 데에 이르며, 더 큰 은혜를 받기 위해 노력한다.

그리스도인의 명예와 인류에 대한 사랑이 최고 수준에 있을 때, 내 자신의 허물과 실수에 대해 깨닫고 가장 겸손한 마음으로 있을 때, 그리고 황금률(Golden rule, 마 7:12과 눅 6:31에 따라서 행하는 윤리적 행동 법칙을 말한다. 남에게 대접받고자 하는 대로 남을 대접하라는 것을 '내가 먼저--하는' 일련의 행동 법칙을 말한다)를 지키지 못할 때이면, 어떤 사람에 대해 판단하는 어떤 말도 하지 아니한다.

매일 밤 잠들기 전에 어떤 점에서 태만하였는가, 무슨 죄를 범하였는가, 그리고 자신의 어떤 점을 부인하였는가를 생각하며 살핀다. 또한 매주 말, 매월 말, 매연 말에도 그렇게 반성한다.

나는 자주 노인들에게 가서 다시 인생을 산다면 어떻게 살고 싶은지를 묻는다. 내가 노인이 되었다는 것을 가정하면서, 내가 생각한 대로, 마음먹은 대로 살 것이다.

마치 천국의 행복과 지옥의 고통을 맛보았던 사람처럼 내가 해야겠다고 마음 먹은 대로 행하기 위해 최선을 다해 노력한다.

비록 크게 성공하지 못한다 할지라도 태만히 하기 쉬운 사소한 일에서조차 나의 오점과 싸우는 일을 포기하지 아니한다.

비록 세상 종말을 고하는 마지막 나팔 소리가 울리는 데 1시간 이 채 남지 않았다고 예상될지라도 행하기 주저하던 일은 결코 행하지 아니한다.

내가 말하는 모든 것 속에는 선한 의도가 담겨 있어야 한다.

에드워즈의 설교는 뉴욕 회중들의 열의와 열정을 마침내 사로잡아 버렸으며 그 회중들은 자기들과 함께 평생 동안 지내면서 목회하기를 간절히 요청하였다. 그 곳 사람들을 매우 좋아하게 되었지만 기억될 만한 8개월의 시간이 지난 후에 그 곳에서 더 이상 자기 자신이 필요하지 않다는 것을 여러 가지 환경들을 통하여 알고서, 1723년 늦은 봄에 고향으로 돌아왔다.

4. 예일 대학 강사(1724)

여름을 동원저에서 공부하면서 보내고, 1723년 9월에 석사학위를 받기 위해 뉴헤이븐에 있는 대학을 다시 방문했을 때 대학에서 강사직을 얻게 되었다. 여러 교회에서 청빙을 받고 있었지만 성경에서 사역자들에게 요구하는 자질들을 갖추기까지 에드워즈는 더 공부해야 할 필요성을 느꼈다. 그래서 예일 대학에서 좀더 공부할 수 있도록 한 제안을 기꺼이 받아들였다. 강사직의 공석(空席)이 당장은 없었으므로 연구와 간혹 설교를 하면서 다음 해 겨울과 봄을 지내고 1724년 6월 초 드디어 강의실에서 강의를 시작하였다. 하나님의 섭리로 말미암아 본격적으로 사명을 연기한 것이 그 당시에 다니고 있었던 예일 대학 학생들의 생애에 아주 좋은 감화를 줄 수 있는 계기가 되었을 것이다. 그 때까지 그 대학은 무능력한 교수와 적합한 자격을 지닌 사람이 없어 공석 중인 학장자리 때문에 진통을 겪고 있었다. 에드워즈와 다른 두 젊은 강사는 그 때의 상황에 대해 다음과 같이 우리에게 말하고 있다.

> 단시간 내에 그 대학의 행정과 교육을 거의 독보적으로 발전시켰다. 그들의 단결과 노력과 충성심으로 말미암아 학생들의 이전의 태만과 무질서한 태도를 일소시키고, 대신에 면밀한 연구심과 엄격한 복종심을 심어 주었다. 비교적 짧은 시간에 대학이 오랜 시간 동안 이루었던 것보다 훨씬 더 번창하고 발전하게 되었다…아마도 에드워즈의 생애에 있어서 그의 동료 강사들과 함께 신학교에서 절도 있는 생활 습관과 건전한 도덕의 기초를 놓는 일에 전념하였던 그 기간보다 더 시간을 유용하게 사용하였던 때가 없었을 것이다.

5. 대학 시절의 일기

죽을 때까지 일기를 쓰는 것이 청교도들의 일반적인 관습이었다. 그 일기들은 주로 개인적인 이야기들이다. 하나님의 섭리로 조나단 에드워즈의 일기의 일부가 지금까지 남아 있는데 첫 일기는 그의 나이 19세였던 1722년 12월부터 시작되었다.

12월 21일, 금요일.
오늘과 어제는 너무나 지나치게 무감동하며 무기력하여 생명이 없는 것 같았다.

12월 22일, 토요일.
오늘은 하나님의 성령으로 말미암아 회복되었고, 하나님의 놀라우신 거룩함으로 감동되었다. 평상시보다 더 크게 그리스도의 사랑을 느꼈다. 또한 죄에 대해서도 더 민감한 회오를 느꼈다. 그것은 그렇게도 자비로우시고 좋으신 하나님께 죄를 범했기 때문이었다.

12월 24일, 월요일.
그리스도와 그의 나라의 탁월성에 대해서 평상시보다 훨씬 수준 높은 생각을 가졌다.

1723년 1월 1일, 화요일.
여러 날 동안 침체에 빠져 있었다. 오늘의 태만함을 죄로 여기고 있는지 아닌지 시험해 보았다. 그러나 해결되지 않았다.

1월 2일, 수요일.
오늘은 지루하였다. 경험적으로 깨달았다. 내가 해결하고자 하는 것과 몇 가지 방법으로 하고 싶은 것을 하는 것은 전혀 헛된 일이며, 하나님의 성령의 역사가 없이는 전혀 소용 없는 일이었다. 내가 할 수 있는 모든 것을 했음에도 불구하고 지난 주처럼 하나님의 성령이 내게서 떠나가신다면, 나는 성장할 수 없고 도리어 무기력해지며 비참하게 점점 힘을 잃게 될 것이다…우리의 결심들이 한 날은 최고 상태에 있으나 그 다음날은 완전히 비참하게 죽은 상태에 있을 것이며 해결 받았던 그 사람과 전혀 같지 아니함을 발견할 것이다. 그러므로 하나님의 은혜를 의지하는 길밖에는 전혀 해결의 실마리가 없을 것이다. 왜냐 하면 하나님의 순수한 은혜가 아니면, 사람이 한 날은 아주 선한 사람이 되고, 다음날은 아주 악한 사람이 될 것이기 때문이다.

1월 5일, 토요일 밤.

오랫동안 매우 답답했던 상태로부터 조금 회복되어 성경을 읽을 수 있었다. 매주 생활 평가로 미루어 볼 때 금주는 불행하게도 저조한 상태였다. 그러면 그 이유는 무엇인가? 그 이유는 무관심과 나태함이었다. 그리고 만약 이런 상태가 더 오랫동안 계속된다면, 다른 죄들이 추가 발견될 것이다. 이전에는 늘 내게 아직도 조금의 죄가 남아 있는 듯하였다. 그러나 지금은 아주 많은 죄들이 남아 있다는 것을 알게 되었다. 만약 하나님께서 나를 버리신다면 어떻게 되겠는가?

1월 6일, 주일 밤.

시간을 어떻게 활용했는지 곰곰이 생각해 보았다. 내가 이 세상에 있는 동안 끊임없이 금욕하며, 세상적인 안일이나 쾌락을 기대하거나 바라지 않고 살아가겠다.

1월 8일, 화요일.

오늘 아침에는 다른 날보다 그리스도의 탁월하심에 대해 더 깊이 생각하였다. 그것을 생각함으로써 죄에 대한 놀라운 회개를 하였다.

1월 10일, 목요일.

먹고, 마시며, 잠자는 것에 대해 금욕함으로써 육체적으로, 정신적으로 더욱 기운차고 건강한 자신을 유지할 수 있다고 생각한다. 또 매일 아침 나의 영적 상태와 시험들을 고려해 보며, 그날에 드러나게 될 죄악들을 살펴보는 것은 유익한 일이다. 또 하루를 어떻게 보낼 것인가를 결정하고 드러나게 될 죄악들을 멀리하는 것이 유익하다.

1월 21일, 월요일.

나는 기독교의 위대한 업적으로 말미암아 내 자신을 감화시키려고 애쓰는 데 많은 시간을 소비하지 않겠다….

2월 23일, 토요일.

상태가 좋은 동안 무시 무시한 게으름에 빠져들고 있었는데 그것조차 모르고 있었다. 내가 과거에도 할 수는 있었지만 지금은 같은 시간 내에 7배의 일을 할 수 있다. 그것은 나의 능력이 좋은 상태에 있기 때문에 그런 것이 아니라, 내가 느끼고 있는 불타는 열심이 있기 때문에 그런 것이다. 만약 내가 항상 그렇게 계속할 수 있었다면, 고통의 1/4도 겪지 않았을 것이다. 나는 그리스도인의 경주를 최선을 다해 달려갈 것이며, 보다 나은 사람이 되어 이 세상을 떠나갈 것이다.

3월 6일, 수요일.

이전보다 더욱 큰 기쁨을 가지고 '선택', '거저 주시는 은혜', 하나님의 은혜 없이는 어느 것도 할 수 없는 우리의 '무능력'의 교리들을 자세히 살펴보았으며, 하나님의 성령의 모든 사역은 전적으로 거룩하시다라는 묵상을 하였다.

5월 1일, 수요일.
우울한 상태에서 뉴욕을 떠나 어젯밤에 집으로 돌아왔다. 내가 지금까지 경험하고 생활해 왔던 상태와는 다르다. 그런 생활 속에서 겪은 고통과 고민은 예상했던 것보다 훨씬 더 막중하였다고 생각했다. 내 자신을 고칠 수 있다는 확신을 가지고서 주위 환경들을 바꿔 보았지만 마찬가지였다. 그러한 생활을 하면서 일어나는 고통들은 지난 번에 이미 내가 버렸던 과거 생활 속에서 당했던 고통들보다 더 심하였다고 생각했다. 주님! 세상으로부터 완전히 나의 생각과 감정, 욕망, 야망을 버리는 것을 배울 수 있기를 원하며, 그런 모든 것을 하늘의 하나님의 차원에 이르도록 해주시기를 원합니다. 그 하늘에는 기쁨이 충만하고, 하나님이 다스리시고, 고통과 괴로움이 없고, 아름답고 고요하며 밝은 사랑이 있기 때문입니다. 그 곳에는 이런 사랑의 고귀한 표현들이 영원히 있기 때문입니다. 그 곳에는 늘 떠나지 않는 사랑의 즐거움이 있습니다. 그 곳에서는 이 세상에서 사랑스럽게 보였던 사람들이 실제로 이루 말할 수 없이 더 사랑스러운 사람들이 될 것이며, 우리에게 향한 사랑이 충만케 될 것입니다… 하늘나라는 우리로 하여금 기쁨이 충만케 합니다. 이 즐거움과 이런 아름다운 일들을 생각해 보니, 하늘나라가 중단되거나 종국이 오는 것이 아니라 영원히 계속될 것입니다.

5월 12일, 주일아침.
5, 6개월 전에는 성경과 다른 양서들을 읽으면 흥미가 있었는데 지금은 흥미를 상실하였다.

5월 22일, 수요일 아침.

비망록. 다음과 같은 일들에 대해 특별히 조심함: 악담, 초조, 식사, 수련, 맹세, 기도회 참석, 은밀한 기도의 부족, 죄를 품고 사상.

6월 29일, 토요일 아침.

진실된 갈망에서 나오는 간구가 아니라고 느끼면 간구를 올리지 않도록 조심해서 기도하는 것이 최선의 방법이다. 그런 간구들을 하게 되면, 나의 기도는 더욱 위선으로 가득 차게 되고, 하나님의 마음에 들지 않게 되고 또 내 자신에게도 유익한 것이 되지 못하도록 하는 방해거리가 될 것이다.

7월 18일, 목요일 해질 무렵.

사도 야고보가 완전한 사람의 증거로 제시한 것을 행하기로 결심한다. '우리가 다 실수가 많으니 만일 말에 실수가 없는 자면 곧 온전한 사람이라 능히 온 몸도 굴레 씌우리라(약 3:2).'

8월 7일, 수요일 오전.

신앙의 의무들을 유익한 것으로 여기는 것은 어려운 일이다. 그래서 의무를 이행하는 도중에 때때로 많은 어려움을 겪게 된다. 신앙은 아름다운 것이며, 수고하여 얻은 것은 마치 엄마가 산고를 겪고 낳은 아기를 더 사랑하는 것과 같이 더욱 귀중한 것이다. 예수 그리스도 자신조차도 중보자의 영광, 승리와 정복, 그분께서 소유하신 나라 이것들을 극한 죽음의 고통을 겪으시고 성취하셨기에 더 영광스러운 일이 아닌가! 이것보다 더 탁월하며 귀중한 일이 있겠는가!

8월 13일, 화요일 아침.
나의 부모님들을 기쁘시게 해 드리도록 철저히 조심하지 않는 죄를 범하였다. 오후, 성경을 통달하는 것이 나에게 대단히 유익하다는 것을 알게 됐다. 교리적인 서적들이나 혹은 신학논문들을 읽을 때에 더욱 충만한 확신을 갖게 되며, 내가 현재 서 있는 위치와 기초를 파악할 수 있게 된다.

9월 1일, 주일 아침.
세상적인 생각들로 꽉 들어찰 때 거기서 벗어나기 위해 죽음을 생각하게 된다.

9월 23일, 월요일.
나의 시간이 짧기 때문에 모든 연구들을 완전하게 할 수 없다. 그런 까닭에 가장 중요하고 꼭 필요한 연구들을 제외하고는 모두 생략하고 피하기로 결심한다.

10월 12일, 금요일 밤.
기독교의 건전성과 완전성에 완전히 위배되는 일들이 몇 가지 있음을 알게 되었다. 선하다고 하는 사람들조차 그런 일들을 행하고 있는 것이 사실이다. 선천적으로 타락하여 제어되지 않는 은밀한 욕망을 가지고 있다. 이 욕망은 그런 선한 사람들조차도 발견하지 못하는 것이며, 그런 것들로 인하여 피해를 받을 것이라고, 상처받을 것이라고는 생각지도 못하는 것이다. 이런 일들이 기독교의 영광과 매력에 오점을 안겨다 주었다. 누가 자기의 실수들을 깨달을 수 있겠는가? 오! 나는 그런 은밀한 과오들로부터 벗어나기를 원한다.

11월 26일, 화요일 오전.

고민거리들을 생각하면서 또 점점 더 악화되는 암담한 환경을 지나치게 생각하고 앉아 있는 것은 가장 해로운 습관이다…만일 우리가 매사에 낙관한다면, 좋지 못한 환경들은 별 문제가 되지 않을 것이며, 고충도 실제적으로 크게 감소될 것이다.

12월 27일, 금요일 아침.

매월 말에는 내 행동을 신약성경으로 엄격히 판단해 보고 생활 규칙을 세울 것이다.

1724년 1월 1일, 수요일.

심지어는 중요하고 꼭 필요한 세상일이라 할지라도 생각하는 데 너무 지나치게 많은 시간을 소비하지 않을 것이다. 그리고 매사에 그 긴급성과 중요성에 따라 생각하겠다.

2월 3일, 월요일.

매사에 병상에서 평가될 가치를 지금 평가하라. 그리고 자주, 무슨 일을 하든지, '이 일은 죽음의 자리에서 얼마만큼의 가치가 있는 것인가?'라는 질문을 던져라.

2월 5일, 수요일.

이전에는 기도할 때, 세상에서 하나님께 영광을 돌리는 것과 그리스도의 나라 발전, 교회의 부흥, 사람의 선에 대해서 열심히 간구하지 않았다. 그 같은 실수는 대단한 것이 아니라고 생각했다. 즉 모든 교회의 일치된 기도의 응답으로써 늘 이루어진 그런 일들을 살펴보면, 어떤 이름 없는 한 사람이 단지 기도한다고 해서 하나님께서 온 세상에서 대변동과 나라들의 대혁명이 일어나게 하실 것 같지 않다고 생각했다. 그리고 만약 내 기도가 다소 영향을 끼쳤다 할지라도 그것은 다만 거의 느낄 수 없는 정도로 극히 미약한 것이라고 결정했다.

5월 23일, 토요일.
성경을 가장 많이 읽을 때 언제나 가장 활기 차고 기분이 가장 좋았다. 어찌하여 지금까지 그것을 모르고 지내 왔을까?

6월 6일, 토요일 저녁.
예일 대학에 있으면서 이번 한 주간은 낙심, 두려움, 당황, 여러 가지 걱정거리, 그런 것들 때문에 내게 있어서 특별한 한 주간이었다. 대학 강사직을 시작하기 위해서 금주에 이곳 뉴헤이븐으로 왔다. 나는 지금 세상의 고통과 괴로움을 뼈저리게 느끼고 있는데 그것은 결코 다른 세상의 것이 될 수 없다는 것을 뼈저리게 깨달을 수 있게 된 많은 이유를 갖고 있기 때문이다.

10월 5일, 월요일(스물한번째 생일).
쓸데없는 망상들에 사로잡힐 때에는 연구에 전념함으로써 견디고, 망상들을 떨쳐버리는 것이 좋은 방법이라고 믿는다. 그렇게 함으로써 나는 그런 느슨한 상태에 빠지도록 하는 틈을 주지 않게 될 것이다. 또 독서와 연구에 싫증이 날 때에는 내 자신의 논문, 신학 연구 결실과 같은 것들을 읽고서 자신을 가다듬고 다시 시작하는 것이 좋은 방법이라고 생각한다.

11월 15일, 주일.
내가 기도하고 싶은 의욕을 잃었을 때는, 기도해야 할 것이 무

엇인가를 항상 미리 생각해야겠다. 내가 기도한 것을 잊어 먹는 것
보다는 간략한 기도를 드리는 것이 더 나은 것이기 때문이다.

1725년 2월 16일, 화요일.
  내 행동에 아름다움과 영예를 주는, 더 높은 차원에서 요구되는
미덕은 친절이다. 더욱 친절한 마음을 가졌더라면 더 많은 변화가
있었을 것이다.

5월 28일, 금요일.
  내가 회심했든 아니했든, 현재 매우 안정된 상태에 있기 때문에
평생 이 상태가 계속될 것같이 생각된다. 하지만 아무리 안정되었
다 할지라도 나는 그것에 속아 고통받거나 불안한 상태 속에서 잠
자지 않도록 계속해서 하나님께 기도할 것이다. 그리고 우리의 선
배 신학자들의 도움을 받아서 내 자신을 시험해보며 의심해 볼 것
이다. 하나님은 나의 기도들을 응답해 주시는 분이시며, 하나님의
영은 내가 그 안에 있기만 하면 나의 허물을 씻어 주신다는 것을
믿는다.

1725년 9월에.
  뉴헤이븐에서 병을 얻어 원저(Windsor)에 있는 집으로 되돌아
가려고 애썼지만 노오스빌리지(North Village)에서 병이 악화되어
더 이상 갈 수 없었다. 그 곳에서 3개월 동안 누워 있었다. 병 중
에 있을 때 하나님께서는 그의 영의 신기한 능력으로 다시금 찾아
오시기를 기뻐하셨다. 나의 마음은 거룩하고 즐거운 묵상과 영혼의
갈망에 몰입되었다. 자지 않고 간병하였던 사람들은 간절한 마음으
로 아침을 기다리고 있있을 것이다. 이것을 통하여 시편 기자들의

말씀들을 기억나게 해주었으며, 기쁨으로 충만한 내 영혼은 시편 기자의 말로 표현하였다 '파숫꾼이 아침을 기다림보다 더 내 영혼이 주를 바라나이다.' 아침 해가 창가에 떠올라 내 영혼을 그날 아침부터 그 다음날 아침까지 신선케 해주었다. 창가에 떠올랐던 아침 해는 하나님의 영광의 광채에 대한 이미지를 어느 정도 암시해 주었다.

1726년 9월 26일.
거의 3년 동안은 영적인 부분에 있어서 이전에 비해 비참할 정도로 무감각하고 가장 저조한 심령 상태에 빠져 있었던 것이다. 지금으로부터 3년 전, 졸업식 한 주 전이었던 시기와 비슷한 금년의 그 시기부터 이전과 같이 약간 회복되기 시작했다.

에드워즈의 개인적인 '결의문'과 글들에서 뽑은 단편들을 통해서 나타나는 그의 인격을 잘 알게 되었을 것이다. 그의 계속되는 사역의 탁월한 능력과 성공과 영향을 이해할 수 있게 될 것이다. 하나님의 약속은 항상 성취된다. "나를 영화롭게 하는 자들을 내가 영화롭게 하리라"(삼상 2:30). 그는 주의 법을 즐거워하며 애써 자기의 마음을 지키는 사람이었다(잠 4:23). 또한 하나님과 사람에 대해 항상 양심에 거리낌이 없기를 힘썼으며(행 24:16), 영으로써 몸의 행실을 죽이고(롬 8:13), 보이지 아니하는 자를 보는 것같이 사는 사람이었다. "저는 시냇가에 심은 나무가 시절을 좇아 과실을 맺으며 그 잎사귀가 마르지 아니함 같으니 그 행사가 다 형통하리로다"(시 1:3)라는 말씀과 같은 삶을 살았다.
에드워즈 전기작가인 이언 머레이 씨는 다음과 같이 덧붙였다.

우리들도 꼭 같은 발자취를 따릅시다. 그리하면 분명히 꼭 같은 결과들을 얻게 될 것입니다. 우리 시대에는 그런 초창기의 경건과 같은 실례가 극히 드물다고 생각할 수밖에 없는 많은 이유들이 있다는 것은 한탄할 일입니다. 만약 개신교가 그와 같은 영성과 실천과 결단을 가지고 사역을 준비하는 젊은 청년들로 가득 차게 된다면, 늘 보아왔던 하나님의 교회보다 더 행복한 시대를 맞이하게 될 것입니다. 교회의 머리되신 위대하시고, 자비로우신 주님께서 추수하시려고 신실하고, 능력 있는 일꾼들을 보내시고, 지식과 명철로 양육할(렘 3:14) 목사들과 자기 백성들을 축복하려 하십니다. 이 얼마나 멋있는 소망입니까?

제 3 장

노스햄프턴 회중교회 목회와 일상 가정생활

1. 노스햄프턴에 정착(1727)

에드워즈의 외할아버지 스토다드가 사역하고 있는 노스햄프턴 교회로부터 청빙을 받았을 때는 예일 대학에서 전임 강사직을 맡은 지 꼭 2년이 지났을 때이다. 여러 가지 요인들이 겹쳐서 그 청빙을 수락하게 되었다. 노스햄프턴은 식민지의 거의 반에 해당하는 뉴햄프셔주(州)의 주도(州都)였다. 그리고 노스햄프턴 교회도 뉴잉글랜드의 교회들 중에서는 오랫동안 상당한 영향력을 끼친 단합된 큰 교회였다. 광범위하게 영향력을 끼칠 수 있는 상황이었다. 또한 그의 외할아버지께서 84세였기에 협력자를 필요로 하고 있었다. 그리고 에드워즈가 자신의 후임자가 되기를 희망하고 있었다. 그의 양친은 여러 주민들과 친한 친구관계였으며, 지역 주민들과도 친밀한 관계였다. 그리하여 에드워즈는 1726년 9월에 대학 강사직을 사임하고, 1727년 2월

15일 스물세 살의 나이에 목사 안수를 받고 그의 외할아버지의 동역자로서 노스햄프턴 교회를 섬기게 되었다.

2. 뉴잉글랜드의 신앙 쇠퇴

솔로몬 스토다드가 1699년부터 노스햄프턴 교회에서 설교를 시작한 이후로 뉴잉글랜드 지역에 큰 변화들이 일어났다. 그가 자신의 오랜 사역 기간 동안 다섯 차례의 큰 부흥이 있었다고 증언한 것은 사실이다. 사실상 횟필드도 우리에게 증언해 주기를 한번은 스토다드가 '너희는 내 양이 아니기 때문에 믿지 아니한다' 는 제목으로 설교하였을 때 약 200명 내지 300명의 영혼들이 각성하게 되었다고 말했다. 그렇지만 노스햄프턴과 동원저와 같은 도시들은 식민지의 전반적인 상황과는 다른 예외적인 도시였으며, 스토다드 시대의 사람들은 교회의 능력과 생명이 대체적으로 크게 쇠퇴해 가는 것을 보고 살았던 것이 분명하다. 청교도 이주자들의 첫세대를 지도하였던 영적 거성들을 계승할 수 있는 사람이 거의 나타나지 않았다. 물질적 번영이 저들의 영적 관심을 점차 빼앗아가 버렸다. 먼저 설교는 감동을 상실하고 여러 지역에서는 정통 교리조차 팽개쳐 버렸다. 도덕성은 경건성과 아울러 혼미하였으며, 오랫동안 행하여 왔던 은밀한 기도, 각종 집회, 주일성수가 사라지기 시작했다. 세기 말의 무시 무시한 인디언 전쟁의 발발로 엄청난 숫자의 청년들이 희생되자 식민지의 영적 상태는 다소 염려스러워졌다. 1679년 보스톤에 있는 주의사당에서는 '뉴잉글랜드의 죄악들을 일으키는 것은 무엇인가?' 를 심의하였다. 1698년에 카튼 메더(Cotton Mather)에 의해서 선포된 각성 설교는 보스톤의 청중들에게 다음과 같은 진지한 반성을 하게 했다.

우리의 신앙을 살펴보면 얼마나 변질되었는가? 경건의 능력이 통탄할 만큼 분명히 우리 사이에서 쇠퇴되었다. 옛 선지자가 요엘서 1장 2절에서 외친 대로, '늙은 자들아 너희는 이것을 들을지어다 땅의 모든 거민아 너희는 귀를 기울일지어다.' 이처럼 저도 말합니다. 도시의 거민들이여, 노인들이여 저의 말을 들으시오. 당신들의 시대에는 믿음이 독실한 사람, 깨어 있는 사람, 충만한 그리스도인들을 우리들 시대보다 훨씬 더 쉽게 찾아 볼 수 있었다는 것을 기억하지 못하십니까? 당신들의 시대에 볼 수 없었던 추행이 지금은 우리들 사이에 뻔뻔스럽게 행해지고 있음을 알지 못합니까? 그래서 우리 하나님께 드린 기도가 있습니다. '주님, 우리를 도와주옵소서, 우리가 어디서 떨어졌는가를 생각하고 회개하여 처음 행위를 가지도록 해 주옵소서! 또 우리가 보아 온 도덕성은 얼마나 변질되었습니까? 우리의 첫 식민지의 거의 모든 옛 조상들은 도덕성으로 말미암아 버티어 왔습니다. 어떤 의미에서 옛 조상은 지나갔습니다. 우리는 전도서 1장 4절의 '한 세대는 가고 한 세대는 오되'라는 말씀이 성취된 것을 봅니다. 당신들이 여러 거리들을 지나가면서 '오래 전에 이곳에서 누가 살았는가'를 회상해 보는 것은 결코 해로운 일이 아닐 것입니다. 왜? 그러한 조상들이 그 곳에 살았을까요? 그러나, 그들은 갔습니다. 그들은 영원한 세계로 갔습니다. 우리도 그 곳으로 곧 따라가야 합니다. 하나님께 드린 또 한 가지의 기도가 있습니다. 주님, 우리를 도와주옵소서. 지금 우리를 알고 있는 이 세상이 우리를 너 이상 알지 못할 때에는, 우리가 하나님의 도성으로 들어갈 것을 알 수 있도록 우리의 마음을 지혜롭게 해 주시고 우리의 날들을 계수하게 하옵소서!'

3. 청교도 신앙의 쇠퇴(1731)

1720년에 인크리스 메더(Dr. Increase Mather) 박사가 『뉴잉글랜드로부터 떠나가는 영광』이라는 제목의 책을 출판하였는데 그 책에서 다음과 같이 말했다.

> 우리는 영국에서 비국교도요, 엄정하고 경건한 사람들이었던 청교도들의 후손이다. 그분들은 이 황무지에까지 주님을 따라왔던 우리의 조상이다. 오 뉴잉글랜드! 뉴잉글랜드! 보아라 영광이 아직 너에게서 사라지지 않았다. 그러나 사라지기 시작한다. 오 떨려! 사라져 간다. 더 멀리 떠나간다!…당신들은 노인들이어서 50여 년 전에 뉴잉글랜드가 어떠했었는지 알 수 있을 것이며, 첫 영광 중에 있었던 이 교회들을 보았던 세대이다. 그 때에는 그런 영광이 지금처럼 애처로울 만큼 퇴색하거나 소멸하지는 않았다. 황금빛이 얼마나 흐려졌는가? 언제 다시금 보스톤은 카튼(Cotton)과 노오튼(Norton)과 같은 인물을 볼 수 있을까? 언제 뉴잉글랜드는 훅크(Hooker), 쉐퍼드(Shepard), 미첼(Mitchel)과 같은 인물을 볼 것인가? 이처럼 뛰어난 그리스도의 종들이 죽었을 때 적잖은 영광이 사라졌다.

18세기 초반 수년이 지났을 때에도 거의 변화가 없었다. 노스햄프턴에서 에드워즈가 사역을 시작할 무렵의 뉴잉글랜드의 상황에 대해서는 길리스(Gillies)의 『사료집』(Historical Collections)에 실려 있는 어떤 편지 속에 분명하게 기술되어 있다.

> 참된 실제적 신앙의 본질적 요소에 대해 한탄스러울 만큼 무지하고 게다가 또 그와 관련된 다음의 교리들에 대한 무지가 거의 만연되어 있었다. 중생의 본질과 필요성에 대해서 거의 모르고 있었으며 생각해 보지도 않았던 것이었다. 그리스도와 함께 갖는 구원의 완성(saving closure)을 위해 성령으로 말미암아 양심을 열고 율법을 양심에 적용시켜서 죄와 불행을 깨닫고 회개해야 할 필요성을 거의 대부분의 사람들이 잘 모르고 있었다. 만일 영혼의 위험을 아픈 마음으로 주목해 보고 하나님의 진노를 두려워해야 할 필요가 있다면 그것은 다만 특별한 어떤 흉악한 큰 죄인들에게만 필요한 일이라고 여겨졌다. 그리고는 영혼의 근심을 일반적으로 우울증, 마음의 염려, 혹은 절망이라고 간주되었다. 그리고 마음의 염려는 심각한 악으로 간주되었다. 그것이 모든 사람의 신앙을 어느 정도는 냉정히 고백하고 실천하게 해 주지만, 조심스럽게 벗어나야만 한다는 것이다. 이런 원리들에 따르면, 복음서의 영혼 염려에 관한 진리들에 대해서 무지한 것으로 보아, 거의 대부분의 사람들이 부주의하며 어리석게 내세에 대한 진지한 근심조차 없이 무관심하였다는 뜻이 된다. 사실상 지식 있는 사람들도 대부분 어리석은 자들과 함께 깊은 잠에 빠져들어 있었다. 함부로 공식적인 안수식을 수행하며, 많은 사람들이 주일에 합당치 않은 세상적인 강좌에 참석하는 것을 보는 것은 슬픈 일이다. 일반 사회에서 많은 자칭 신앙고백자들의 행동이 천박하고 경솔하였다.

스토다드 목사의 소위 '다섯 차례의 영혼 추수'(five harvests) 중 마지막 신앙 각성은 1718년 노스햄프턴에서 일어났다. 에드워즈가 말하는 대로 '추측컨대 최소한 젊은 연령층 사이에서는 이전보다 훨씬 더 타락했던 때'까지 신앙 각성이 계속되었다. 에드워즈가 부임한 즉시 주일에 한 번, 평일 저녁에 한 번, 그렇게 매주 두 번씩 설교하기 시작했다. 그러나 1729년 그의 외할아버지께서 돌아가실 무렵까지 협동 사역을 하였으나 사람들 가운데에서 하나님의 역사가 거의 일어나지 않는 형편에까지 이르렀다. 2년 동안 스토다드 목사가 구원에 이르는 회심을 하게 될 것이라고 예상한 인원은 거의 20명이었다. 그러나 거의 각성하는 사람이 없었다. 대부분의 사람들이 신앙적인 것에 대해 무감각한 것 같았으며 다른 것에 관심을 두고 거기에 빠져 있었다.

4. 보스톤에서의 설교

1731년 7월에 노스햄프턴의 젊은 목사는 널리 알려지기 시작했다. 그 달에 보스톤의 대중 집회에서 설교하도록 초대받는 영예를 얻었다. 에드워즈는 고린도전서 1장 29-30절 "이는 아무 육체라도 하나님 앞에서 자랑하지 못하게 하심이라 너희는 하나님께로부터 나서 그리스도 예수 안에 있고 예수는 하나님께로서 나와서 우리에게 지혜와 의로움과 거룩함과 구속함이 되셨으니"라는 본문을 강해하여, 구원을 위해서는 하나님을 절대적으로 의지해야 한다는 것을 주제로 삼았다. 그것은 청교도들에게는 아주 평범한 교리였다. 그러나 그의 표현의 능력과 명료성은 그 당시에 새로운 것이었으며 큰 감동을 주었다. 그것을 출판하도록 요청받았을 뿐만 아니라 보스톤의 지도급 목사 중 두 분은 그것에 대한 가치를 입증해 달라는 요청을 받고서는 "복음적 진리 파수를 위해 그런 사람들을 일으키시기를 기뻐하시는" 하나님께 대한 감사를 덧붙였다. 이 사건은 에드워즈 자신의 생애에 있어서 획기적인 사건이 되었을 뿐만 아니라 뉴잉글랜드 신학사에 있어서도 그랬다. 그것은 선조의 비타협적인 신앙고백이었으며 지난 17세기의 교리로 되돌아가기를 호소하는 명쾌한 나팔 소리였다. 그 주제는 우리가 앞으로 살펴볼 것이지만 에드워즈의 사역에 있어서 매우 탁월한 것이었다.

5. 알미니안주의를 반박한 설교들이 부흥을 일으킴 (1734~1735)

정통적 개혁주의자와 청교도들 사이에서는 지금까지 찾아볼 수 없었던 교리적 타락의 한 형태가 뉴잉글랜드 내에서 상당한 관심을 끌며 나타나서 경건한 사람들에게서 혹독한 경고장을 받았다. 바로 그것은 알미니안 이단이었다. 여기서도 알미니안 이단에 대해 앞으로 상세히 언급할 수 있는 기회를 갖겠지만 알미니안 교리에 대한 간단한 설명은 필요하다. 웨스트민스터 회의의 회원이며 경건한 청교도였던 스텐리 고우어(Stanley Gower)는 알미니안주의의 두 가지 중요한 교리를 다음과 같이 설명한다.

하나는, 하나님은 가인이나, 아벨이나, 가룟 유다나 나머지 사도들이나 모두를 꼭 같이 사랑하신다는 것이다. 또 다른 하나는,

하나님은 양(兩)자에게 꼭 같이 구속하시기 위해 하나님의 영원한 사랑의 위대한 선물인 그리스도를 주시고 하나님이 복음을 주시는 자에게 그리스도를 믿을 수 있는 능력을 동일하게 주신다는 것이다. 이렇게 해서 만일 양자가 그들의 능력에 따라 주어진 것을 바로 사용한다면 그 구속이 양자의 구속을 위해 효과적으로 이루어질 수 있다는 것이다.

첫번째 교리는 하나님의 사랑을 보편화시킴으로써 하나님의 거저주시는 특별한 은혜를 파괴시키며, 두번째 교리는 하나님보다 자기자신을 영화롭게 하도록 이끈다. 그리스도는 동일하게 양자를 위해 죽으셨다. 하나님은 그리스도를 영접할 수 있는 능력을 양자에게 똑 같이 주신다. 사람들 자신이 자유의지(Free-will)로써 전체 문제를 결정한다. 즉 그리스도는 양자 자신을 구원할 수 있는 존재로 만드시고, 양자 자신은 자신들을 구원받을 만한 존재로 만든다는 것이다.

에드워즈는 1734년의 겨울을 다음과 같이 기록하고 있다.

이때에 이 지역에서 알미니안주의에 대한 잡음이 일어나기 시작했고 그것은 이곳 신앙의 유익에 치명적인 위험성을 내포하고 있는 것 같았다. 매우 경건한 친구들은 그 소문 때문에 두려워 떨고 있었다…자신에 대해서 그리스도를 모시지 않은 상태에 있다고 생각한 많은 사람들이 하나님께서 이곳에서 떠나가려 하신다는 생각에 두려워하고 소문을 듣고서 각성하게 된 것 같았다. 그리하여 우리는 이단과 잘못된 교리들을 버렸던 것이다. 그 이후로는 구원 얻을 수 있는 기회가 지나가 버렸다.

제3장 노스햄프턴 회중교회 목회와 일상 가정생활 **51**

　에드워즈는 '그 소문의 주요점이 구원에 관한 대주제와 직접 관련 있음을 잘 간파하고서' 많은 친구들의 걱정과 충고에도 불구하고 일련의 설교에서 알미니안주의의 여러 오류들을 취급하기로 작정하였다. 그는 이미 1731년에 보스톤에서 설교를 행하는 도중 이 이단에 대해 언급하였다. 그러나 지금은 보다 많은 분량으로 그것을 취급해야 할 필요성을 확실히 느꼈다. 이 논의에 의해서 시작되었던 설교들은 사도 시대 이후에 있었던 가장 위대한 각성들 중의 하나가 될 수 있도록 이끌었다. 그는 하나님께서 믿음과 회개로 인도하시지 않으실 때의 인간의 위험성을 강조했고 성령께서는 그의 설교를 통해 강력하게 사람들을 감동하시기 시작했다. 하나님을 높이고, 지옥에 대해 경고하고, 인간의 마음을 엄밀히 규명하고, 그리스도에게로의 회심에 존재하는 소망을 약속하는 설교는 사람들의 마음을 사로잡았다. "비록 강단에서 논의를 다룸으로써 큰 실수가 있었지만 그럼에도 불구하고 그것은 때에 알맞은 적절한 충고였음을 증명해 주었다. 이 마을에 있는 수많은 영혼들에게 하나님의 놀라운 축복하심이 명백하게 있었다. 12월 말에 하나님의 성령이 놀랍도록 역사 하시기 시작했고 우리들 가운데 임하시기 시작했다"고 에드워즈의 이야기는 계속된다. 그 달에 5-6명이 갑자기 구원얻는 회심을 하게 된 것 같다. 한 사람씩 한 사람씩 깜짝 놀랄 정도로 수많은 사람들이, 또 모든 연령층의 사람들이 각성하게 되었다.
　1735년이 되었을 때, 노스햄프턴 전체가 복음의 위대한 진리들에 대해서 경청하고 깊이 몰두하였다.

　　　신앙에 관련된 위대한 사건과 영원한 세계에 대한 진지하고 뜨거운 관심은 마을 전체에 가득 차게 되었으며 또한 각계각층의 여러 사람들에게도 마찬가지였다. 신앙은 어느 누구에게나 최대의 관심사였으며, 세상은 단지 일부분일 뿐이었다. 유일한 목적은 하늘나라를 소유하는 것이었으며 모든 사람이 하늘나라로 돌진하고 있는 듯하였다. 그 이후로는 그리스도를 떠나 사는 것이 우리들 가운데서는 무시무시한 일이 일어나는 것이며 위험하여 날마다 지옥으로 떨어져 내려가고 있는 듯이 여겨지게 되었다. 사람들이 마음속에 골몰하는 것은 자신의 생명을 위하여 지옥으로부터 탈출하는 것이며 하나님의 진노로부터 벗어나는 것이었다. 이것은 하나님의 역사(work)이다. 역사는 계속 일어나 진실한 성도들의 수는 배(倍)가 되었으며 곧이어 마을에서 놀라운 변화를 일으키게 되었다. 그리하여 1735년 이후 그 해 봄과 여름에 마을은 하나님의 임재로 충만해 있었다. 일찍이 이렇게 사랑이 충만한 경우가 없었으며 기쁨으로 충만한 때가 없었다. 그렇지만 근심이 없었던 것은 아니다…우리의 젊은이들이 서로 만나기만 하면 예수 그리스도의 죽기까지 하신 사랑과 탁월하심을 이야기하면서 시간을 보내었다(놀라운 구원의 방법, 하나님의 기적이며 값없이 거저주시는 주권적인 은혜, 한 영혼을 회심시키시는 하나님의 영광스러운 사역, 성경의 진실되고 확신되고 확실한 위대한 사건들, 하나님의 완전하심을 목격하고 얻는 달콤함, 등등을). 그리고 결혼식에 있어서도 과거에는 단순히 놀이와 환락의 기회로 삼았지만 이제는 신앙적인 것 외에는 어떤 것도 이야기하지 아니하며 오직 영적인 즐거움만 누리는 시간이 되었다.

에드워즈의 전기 작가는 이르기를, "에드워즈가 지금 전달해 주는 수많은 설교보다 더 순전하고 영적이며 능력 있는 설교를 다른 책들에서 발견하기 어려울 것이다"라고 한다. 비록 그의 직접적인 임무가 모든 죄인들에게 회개를 요청하는 것이지만 또한 하나님은 어떠한 자연인에게도 의무를 가지고 계신 분이 아니시며 하나님의 기쁘신 주권에 따라 은혜를 즉시 주시기도 하시며 거두어 가시기도 하실 수 있는 분이시라는 점을 강하게 주장한다. 그가 행했던 어떤 다른 설교들보다 더 엄청난 즉각적인 구원얻는 감동을 끼쳤던 설교는 로마서 3장 19절의 "이는 모든 입을 막고"라는 본문으로부터 나온 것이다. 이 본문에서 단순한 자연인을 영원히 거절하시며, 버리시는 것은 바로 하나님의 주권에 속한 것이라는 점을 나타내고자 애썼다. 이 책을 읽고 있는 여러분은 이 설교들이 '죄인들의 정죄에 있어서 하나님의 공의'라는 제목의 설교 속에 포함되어 있는 것임을 알게 될 것이다.

6. 노스햄프턴에 미친 영향들

나타난 현상들이 모두 동일하지 않다는 것을 기억하고 있지만 각성의 정도에 대한 여러 가지 통계를 에드워즈는 제시해 준다. 3월과 4월에 하나님의 역사가 가장 큰 권능으로 계속 일어나고 있었을 때 진정으로 회심한 사람의 수가 5-6주 동안 계속 최소한 하루에 4명 혹은 한 주에 거의 30명에 달한 것으로 추측했다. 불과 반년 만에 300명 이상의 남녀가 그리스도인이 되었다. 꼭 200가구로 구성된 노스햄프턴의 전체 주민이 각성하게 되었는데 이 역사는 실로 놀랄 만한 것이었다. "거의 모든 가정에 하나님께서 임재해 계신 뚜렷한 증거들이 있었다"고 에드워즈는 기록했다. 1735년 봄에 부흥의 불길이 뉴햄프셔주의 여러 마을과 시골로 번져 갔으며, 에드워즈는 주장하기를 그 불길이 "뉴햄프셔주의 이끝에서 저끝까지 퍼져 갔으며 또한 커넥티컷주의 많은 지역으로 타올랐다"고 했다. 1735년 5월 말에 이처럼 비상했던 성령의 역사가 노스햄프턴에서 줄어들고 있었으나 5년 동안 계속해서 주(州)의 다른 여러 지방에서 크게, 때로는 작게 일어났다.

7. 『영적 대각성 보고서』 런던과 보스톤에서 발행

1735년 여름에 노스햄프턴에서 일어난 하나님의 역사에 대한 소책자가 보스톤에서 발행되었다. 이 책은 런던으로 송달되었는데 왓츠(Isaac Watts) 박사와 가이제(John Guyse) 박사의 관심을 끌게 하였으며 에드워즈로 하여금 더 상세한 보고서를 저술하도록 촉구하였다. 이렇게 더 상세한 보고서를 작성하도록 권유받은 에드워즈는 1736년 11월 6일에 편지 형식으로 된 영적 대각성 보고서『놀라운 회심의 이야기』라는 제목하의 보고서를 이 두 분의 영국 비국교도 지도자들에게 급송하였다. 이 책자는 매우 널리 영향력 있게 배포되었다. 에드워즈는 그의 『놀라운 회심의 이야기』(Narrative of Surprising Conversion)에서 많은 사람들의 영적 황홀경을 묘사하고, 거기에 이어지는 회심의 표적들 즉 겸손한 마음, 온유함, 자제 그리고 기도를 강조한다. 그 책 서문에서 왓츠 박사와 가이제 박사는 다음과 같이 피력하였다.

1세기 기독교 이후로는 들어보지도 못했던 것이며, 바로 이 이야기와 같은 놀라운 유의 어떠한 사건도 우리 앞에 없었다. 확실히 그것은 우리로 하여금 그리스도께 신앙을 고백케 하며 그리스도의 능력과 은총의 놀라운 현현(顯現)을 주목하는 사람이 되게 한다. 그리고 그것은 우리로 하여금 우리 가운데서 그리스도의 능력이 나타나도록 하기 위해서 기도하며, 기다리며, 기대하도록 더 큰 자극을 준다. 하나님의 손이 우리를 구원할 수 없을 만큼 짧은 것이 아니다. 우리의 죄악, 우리의 냉랭한 신앙, 음란한 생각이 하나님과 우리 사이에 담을 냈다는 사실을 깨닫고 두려워해야 할 필요가 있다. 그리고 우리는 덧붙여 말한다. 최근 몇 년 사이에 우리들 가운데서 일어난 기독교의 배교와 타락과 불신에 관한 왜곡된 소문과 교만 때문에 우리 나라에서 하나님의 영을 떠나시게 한 것 같다.

만일 독자들께서도 이 영광스러운 기간 동안 전파되었던 몇 편의 설교문을 정독해 보시면 그 설교들이 한편으로 도덕율 초월론자(The antinomians, 기독교 신자는 복음서에 나타난 하나님의 은혜로 모든 도덕율에서 해방되었다고 주장하는 사람들)에게 쏠리거나 또 다른 한편으로는 알미니안주의자들(존 칼빈의 예정론을 부인하고 자유의지로 신앙할 수 있다고 주장하는 일파)에게 치우치지 않은 개혁주의의 평범한 개신교 교리였음을 발견하게 될 것이다. 그렇게 하여 승리를 거두는 것을 통하여 영광 받으시는 것을 성령은 기뻐하신다는 것을 알게 될 것이다.

에드워즈의 전기 작가 드와이트 씨는 『보고서』(Narrative) 발행에 대한 에드워즈의 의사(意思)를 기록한 다음, 참된 구원을 얻는 회심의 성격과 또 부흥에 있어서 성령의 참된 역사에 대해 설명하고자 했으며 이 책자의 중요성을 요약하고자 했다.

    장기간 동안의 신앙의 부흥 사건이 영국과 유럽 대륙에는 거의 알려져 있지 않았다. 대개의 교회들이 이와 같은 성격의 사건을 기대하는 일을 거의 멈춰 버렸으며 그 사건들의 요인과 성격에 대하여 그리고 중대시해야만 하는 자세에 대하여 매우 잘못된 견해를 갖고 있었다. 이처럼 중대한 문제들을 정확하게 설명해 주는 책자가 이전에는 없었다. 노스햄프턴의 은혜의 역사로 말미암아 서방교회들은 쉽게 상실할 수 없는 자극을 받았다. 그 사건에 대한 소문은 널리 퍼져서 그리스도인들의 마음속에서 총체적인 회개를 일으켰으며, 복음 전파가 효과 있게 수행되었는데 그것은 사도 시대에 일어났던 것 이상으로 놀랄 만한 일이었다. 이 회개는 교회와 목사들의 가치관과 행위에 있어서 중대한 변화를 가져왔다.

8. 에드워즈의 일상생활, 기도, 연구, 운동

    에드워즈의 초기 사역의 표면적인 결과들을 고찰하면서 그의 초기 사역 기간 동안 행하였던 일상 습관과 영적 체험들을 조사해 보는 것이 유익하다는 것을 알게 될 것이다. 에드워즈는 "규칙대로"의 위대한 청교도적인 생활 전통을 따랐다. 매일 일과는 분명한 계획과 엄격한 방식에 따라 통제되었으며 시간을 아껴서 가장 큰 영적인 유익을 도모하기 위한 생활이었다. 끊임없는 훈련과 수면, 식사, 그리고 운동과 같은 그런 문제도 관심을 쏟음으로써 에드워즈는 다른 사역자들이 평생 할 수 있었던 것보다 훨씬 더 많은 일들을 수년 내에 할 수 있었던

제3장 노스햄프턴 회중교회 목회와 일상 가정생활

것이다. 보통 너덧 시에 기상하여 매일 열 세 시간씩 공부했다. 그는 일기에 다음과 같이 썼다. "그리스도께서 이른 새벽에 무덤에서 일어 나셨으므로 새벽 일찍이 일어날 것을 명령하셨다고 믿는다." 만일 그가 장기간 홀로 구금상태에 있었다면 그 동안 무슨 일을 했을까? 하고 묻는다면 사도행전 6장 4절에서 보는 대로 기도하는 것과 말씀 수종 드는 일에 전무하였을 것이다. 다른 전기 작가도 "에드워즈는 시간을 엄수하고 쉬지 않고 자주 은밀한 기도를 하였으며, 종종 여러 날 동안 은밀히 금식기도 하였다는 증거가 많이 있다. 그의 일기를 보아도 은밀한 기도를 드리는 정해진 계절이 있었으며 집에 있을 때와 마찬가지로 여행 중에도 매일 세 차례 기도하는 습관이 젊었을 때부터 있었다는 것을 알 수 있다. 알려진 그대로 많은 시간을 은밀히 무릎을 꿇는 일과 하나님의 말씀을 읽고 묵상하는 일에 바쳤다. 한 사람의 사역의 능력은 자기의 활동에 비례하지 않고 오히려 하나님과 교통하는 것에 달려 있다는 것을 에드워즈는 깊이 깨닫고 있었다. 이와 같은 목사의 습관들이 소용 있는 것인지 아닌지 회의하고 있는 분들은 그런 생활 습관들에 의한 실제적인 결과들을 꼭 기억하십시오! 오늘날 목사들 사이에 그런 습관들이 부재(不在) 하다는 것은 하나님의 모든 명령을 잘 행하고 있어야 할 필요성을 과소평가하고 있다는 사실을 나타낸다. 에드워즈가 연구에 몰두하는 것은 고행주의적이거나 학문적이기 때문이 아니다. "나는 복음의 교리들을 사랑한다. 그것들은 나의 영혼에 푸른 초장과 같은 것이다. 복음은 내게 가장 귀한 보물과 같은 것이다. 그것이 내 속에서 풍성히 거하기를 갈망한다"고 말했다. "그는 진리를 알기 위해 비상한 갈망을 갖고 있었으며 다른 책보다 성경을 더 연구했으며 다른 경건한 사람들이 하는 것보다 더 많이 성경연구를 했다. 깊은 관심을 갖고서 에드워즈의 저작들을 읽고 사도 시대 이후의 신학자들의 저작들과 비교해 보면 이제까지 나타났던 경건한 신학자 중에 그처럼 성경을 샅샅이 연구했던 사람이 없었다는 것을 쉽게 확신할 수 있을 것이다"라고 다른 전기 작가도 인정했다.

여름에 제일 많이 하는 운동은 말 타기, 걷기였으며, 타고 걷는 중에 묵상할 주제들을 집을 나서기 전에 결정하였던 것 같다. 그는 대개 떠오르는 중요한 생각들을 기록해 두기 위해 펜과 잉크를 가지고 다녔다. 겨울에는 반 시간 내지 그 이상 장작 쪼개는 일을 하였다.

9. 결혼과 가정생활

에드워즈의 가정은 남달리 정이 넘치고 행복한 가정이었다. 1727년 7월에 뉴헤이븐에서 사역하는 목사의 장녀인 17세의 사라 피에르폰트 (Sarah Pierrepont)와 결혼하였다. 그녀는 매우 아름답고 고상한 성품을 갖고 있었던 젊은 숙녀였다. 에드워즈가 예일 대학에 있을 무렵인 20세에 미래의 아내가 될 13세의 소녀에 대해, "들판과 숲 속을 걸으며 홀로 있기를 즐겨하며 기쁨과 환희에 심취해 있으며, 항상 대화할 수 있는 보이지 않는 분을 모시고 있는 것 같다"라고 기록했다. 그의 아내와의 영적 연합은 많은 방문객들에게 감동을 주어 경건한 아내를 얻는 것은 하나님의 축복이라는 것을 깨닫게 해 주었다. 조지 휫필드(George Whitefield)는 그들과 함께 며칠을 지낸 후에 다음과 같이 술회했다.

지금까지 보지 못했던 정다운 부부였다. 자녀들은 실크나 공단을 입지 않고 평범한 옷을 입고 있었으며 검소한 그리스도인의 모범을 매사에 발휘하고 있었다. 그녀는 온유하며 조용한 마음으로 하나님의 역사에 대해 다감하면서도 확신 있게 이야기해 주었다. 그녀는 자기 남편에게도 그런 내조자였으며 그녀는 나로 하여금 여러 달 동안 기도를 드려서 하나님께로부터 지금의 내 아내 아브라함의 딸을 얻을 수 있도록 용기를 주었다.

에드워즈는 노스햄프턴에서 세 아들과 여덟 딸을 낳아 양육하는 데 큰 관심을 기울였다. 전기 작가 드와이트(Dwight)는 다음과 같이 기록했다.

저녁 식사 후에 거실에 앉아 약 한 시간 동안 힘든 공부에서 벗어나 자녀들에게 사랑과 관심을 쏟으며 즐겁고 다정한 대화로 긴장을 풀었다. 자주 위트와 유모어가 폭발하며 흥겨운 인상을 남겼다. 그러나 다시 공부하러 들어가기 전에 점차로 진지해져 가는 대화를 나누며 큰 관심과 사랑으로 자녀들에게 구원에 관하여 이야기해 주었다. 아직 자기 자녀들이 신앙의 초보에 있다는 생각이 들 때마다 자기감정을 절제하려고 애썼다

그는 토요일 저녁시간을 자녀들에게 웨스트민스터 소요리문답(조목조목 설명해 주고, 질문하면서 진심으로 그것을 배울 수 있도록 유도하면서)을 가르치기 위해 따로 떼 놓았다. 자녀들이 집을 떠나 있을 때에 보낸 편지 중 두 장은 자녀들의 면전에서 계속 행하였던 교훈들을 상기시켜 주는 내용이다. 1749년 7월에, 15세의 딸 마리아에게 쓴 편지에서는 다음과 같이 말했다.

바라건대 너는 모든 시험을 물리쳐 자신을 엄격하고 단정하게 지켜야 할 것이다. 하나님을 떠나거나 잊지 않도록 특별히 은밀한 신앙생활을 게을리 하지 않도록 조심하여라. 자주 이 헛된 세상과 세상적인 야심과 공허한 것으로부터 그리고 쓸모없는 오락들을 떠나서 홀로 하나님과 대화를 나누어라. 그리고 거룩한 은혜와 하나님의 위로를, 이 세상의 모든 부귀와 환락과 즐거움보다 더 가치 있는 것을 찾기 바란다.

에드워즈의 사역의 특성에 관해 기록된 부분이 아들 디모데에게 보내는 편지에서 발견된다.

하나님의 선하심 속에 생명이 있고 하나님의 세심한 사랑은 생명보다 더 귀하다. 네가 아프든지 건강하든지 한없는 하나님의 사랑이 필요하다. 그러나 알고 있어야 한다. 네가 아무리 하나님의 사랑을 필요로 할지라도 당연한 의무로 받아들여서는 안된다. 구원에 이르도록 그리스도를 믿기까지는 너의 모든 고통과 열망과 기도에 대해 하나님은 의무를 지시지 않는다. 그리고 만일 고통과 열망과 기도가 현재와 같이 만 배로 더 크다면 원하시는 자에게 은혜를 베푸시는 주권자 하나님의 손에 이미 들어가 있다는 것을 알아야 한다. 사실상 하나님은 때때로 자기들의 마음에 하나님께 대한 진실된 존경심을 갖고 있지 않은 죄 많고 타락한 피조물들의 불쌍하고 가련한 부르짖음을 들어 주신다. 그리고 하나님은 죄 많고 가련한 백성들과 게다가 괴수들을 구원하시기 위해 오신 귀한 자기 아들을 위해 은혜 베푸시기를 즐겨하신다. 그러므로 바로 여기에 너의 유일한 소망이 있을 뿐이다. 너를 오라고 부르시고 자기에게 오게 한 자를 버리지 않을 것이라고 말씀해 주시는 하나님 안에서 너의 피난처를 찾아야만 한다.

에드워즈와 그의 아내는 하나님을 위하여 자녀들을 교육함으로 얻는 복된 결실을 보게 되어 기쁨을 얻을 수 있었다. 예를 들어 딸 제루샤가 17세의 나이로 죽게 되었을 때 임종하는 자리에서 "나는 수년 동안 단 1분도 헛되이 보내지 않았고 하나님을 위해 살고 선을 행하며, 하나님의 영광을 위한 일이라면 다 실천하였지만 삶에 있어서 또 한 한 가지 더 선행하기 위해 1분 만이라도 더 오래 살고 싶어요"라고 말했다. 이 장에서는 에드워즈가 노스햄프턴에 있는 동안 있었던 영적 체험들에 대한 개인적인 회고록을 싣고 있다. 바로 이 전기 자료는 많은 분량을 할애할 만큼 매우 가치 있는 것이다.

10. 영적 체험에 대한 에드워즈의 평가

내가 노스햄프턴에 온 이후로 하나님의 영광스러운 완전성과 예수 그리스도의 탁월하심을 바라보고 하나님 안에서 행복한 만족감을 자주 얻을 수 있었다. 하나님의 거룩하심 때문에 하나님은 내게 은혜로우시고 사랑스러우신 분으로 여겨졌다. 하나님의 거룩하심은 항상 내게 있어서 하나님의 모든 속성들 중에서 가장 좋은 것이었다(하나님께서 기뻐하시는 자에게 은혜를 베푸시는 데 있어서). 하나님의 절대 주권과 거저주시는 은혜에 대한 교리와 하나님의 성령의 역사에 대한 인간의 절대 의존에 대한 교리는 내게 종종 매우 아름답고 은혜로운 교리들로 확신되었다. 이런 교리들은 내게 큰 기쁨이 되었다. 하나님의 주권은 늘 하나님의 영광의 대부분을 차지하였다. 하나님을 가까이 하고 그분을 주권자이신 하나님으로 찬양하고 하나님께 주권적 은혜를 간구하는 것이 언제나 내 기쁨이 되었다.

나는 복음적인 교리들을 좋아 했는데 그것은 내 영혼에 푸른 초장과 같은 것이었다. 복음은 내게 가장 귀중한 보배였다. 그 보배는 내가 가장 바라던 것이었으며, 내 안에 풍성히 거할 수 있기를 갈망하였다. 그리스도로 말미암는 구원의 방법은 모든 방법 중에서 가장 기쁘고 아름다우며, 영광스럽고 탁월한 방법이었다. 다른 방법으로 구원받는 것은 때때로 내게 있어서 하늘을 무색케 만드는 일로 생각되었다. 이사야 32장 2절 '또 그 사람은 광풍을 피하는 곳, 폭우를 가리우는 곳 같을 것이며 마른 땅에 냇물 같을 것이며 곤비한 땅에 큰 바위의 그늘 같으리니' 라는 말씀은 내게 자주 감동과 기쁨을 주는 본문이었다.

그것은 내게 기쁨이 되고 그리스도와 한몸 되게 하며, 그분을 내 머리로 모시고 그의 몸의 한 지체가 되도록 이끌어 주며, 또한 그리스도를 내 스승과 선지자로 모시게 해주는 것이었음에 틀림없다. 나는 자주 영혼의 열망과 갈망과 기쁨으로 가득 차 광야 같은 이 세상에서 그리스도로 말미암아 인도되어 그리스도께 붙잡혀 어린아이가 되는 것을 생각해 본다. '가라사대 진실로 너희에게 이르노니 너희가 돌이켜 어린아이들과 같이 되지 아니하면 결단코 천국에 들어가지 못하리라' 라는 마태복음 18장 3절 말씀은 내게 기쁨이 되었다. 가난한 심령과 자신을 온전히 비워 그리스도의 구원을 얻고 그리스도께로 나아가는 것을 생각하며 겸손하게 홀로 그리스도를 찬미하고 싶다. 가장 사랑하는 분, 바로 그리스도 안에서 하나님을 모시고 하나님의 아들을 믿음으로 그 아들 안에서 겸허하고 거짓 없는 신뢰의 삶을 살기 원한다. 시편 115편 1절의 '여호와여 영광을 우리에게 돌리지 마옵소서 우리에게 돌리지 마옵소서 오직 인자하심과 진실하심을 인하여 주의 이름에 돌리소서'라는 말씀과 누가복음 10장 21절의 '이때에 예수께서 성령으로 기뻐하사 가라사대 천지의 주재이신 아버지여 이것을 지혜롭고 슬기 있는 자들에게는 숨기시고 어린아이들에게는 나타내심을 감사하나이다 옳소이다 이렇게 된 것이 아버지의 뜻이니이다'라는 말씀이 내게 은혜로웠다. 그리스도께서 기뻐하셨던 하나님의 주권은 내게도 큰 기쁨이 되었다. 그렇게 기뻐함은 그리스도의 탁월하심과 그리스도께서 소유하신 성령의 탁월하심을 나타내 보이는 것이었다.

   때때로 단지 한 마디의 말씀을 읽어도 내 마음속을 불붙게 하며, 그리스도의 이름만 묵상해 보아도, 하나님의 속성을 생각만 해도 심령에 불이 붙게 했다. 하나님은 삼위일체이셔서 내게 영광스럽게 보였다. 그 하나님은 성부, 성자, 성령 세 분(persons)으로 존재하신다는 사실이 하나님께 대한 나의 생각들을 고양시켰다. 내가 체험한 가장 달콤한 기쁨과 즐거움은 내 자신의 선한 상태에 대한 희망으로 인해 일어난 것이 아니라 복음의 놀라운 사건들을 직접 목격함으로써 일어난 것이다. 내가 이 기쁨을 누리고 있을 때 이 기쁨은 내 자신의 상태를 수준 이상으로 이끌어 올려서 이런 시간을 놓친다는 것이 내게는 견딜 수 없는 일이었다. 내가 바라보는 영광스럽고 즐거운 일로 인해 눈이 떠져서 내 자신과 내 자신의 선한 상태에 눈을 돌리게 하였다.

   내 마음은 세상에서 그리스도의 나라가 발전하는 데에 쏠려 있었다. 그리스도의 나라의 과거 발전사는 내게 기쁨이 되었다. 지나간 시대의 역사와 발전되고 있는 그리스도의 나라에 관한 책들을 읽는 일은 지금까지의 독서 중 최고의 기쁨이 되었다. 내가 독서할 때마다 다시 그 기쁨을 누릴 수 있기를 기대하였으며, 그리고 그 기대하는 기쁨 또한 즐겼다. 그리고 내 생각은 장차 지상에서 영광스럽게 발전될 그리스도의 나라와 관련 있는 성경의 약속과 예언으로 가득 차 있어 기쁨이 넘쳤다.

나는 때때로 예수 그리스도의 온유하고 충만한 마음과 연합되어 그리스도인으로서 적합한, 온유한 성품을 갖게 되었다. 왜냐하면 분명히 그리스도는 모든 것 중 최고인 것같이 보였기 때문이다. 그리스도의 죄의 구속과 의는 항상 불타는 영이 함께하여 아름답게 보였다. 또 그리스도 안에는 자신을 비워버리고 소리 나지 않는 내적인 신음과 동경과 분투가 감추어져 있었다.

1713년 어느 날 건강을 위해 숲 속으로 말을 타고 가서 평상시 하던 습관대로 걸으면서 묵상과 기도를 하는 동안 하나님과 사람의 중보자이신 하나님의 아들의 영광이 그리고 그 아들의 놀랍고 위대하시며, 충만하며, 순전하고 귀한 은혜와 사랑이 그리고 온유하고 고결한 겸손이 내게 너무나도 특별하다는 것을 생각케 하였다. 고요하고 귀한 이 은혜는 하늘에서도 위대하였다. 그리스도의 인격은 모든 생각과 관념을 사로잡을 수 있는 넘치는 탁월성을 지니고 있을 만큼 말로 형용할 수 없을 정도로 뛰어났다. 생각건대 이런 생각은 거의 1시간 동안 계속되어 크게 울음을 터뜨리고 눈물의 홍수를 이루었다. 재(災)에 홀로 앉아 그리스도의 분량에까지 이르며, 거룩하고 순수한 사랑으로 그리스도를 사랑하며, 그리스도를 믿으며, 그리스도로 말미암아 살아가며, 섬기고 따라가며 또 거룩하심과 하나님의 순결하심으로 성화되고, 순수해지기 위해 자신을 비우고 자신을 소멸하기 원하는 영혼의 뜨거운 열정을 느낀다는 것 외에는 할 줄을 몰랐다. 나는 여러 번 동일한 결과를 가져왔던 동일한 속성을 자세히 생각해 보았다.

나는 여러 차례에 걸쳐서 삼위일체의 제3위이신 성령의 은혜와 성화자(Sanctifier)로서의 성령의 사역과 영혼에 거룩한 빛과 생명을 전달해 주시는 성령의 거룩한 역사를 피부로 느낄 수 있었다. 하나님은 성령과의 교통 속에서 거룩한 은혜와 기쁨을 주시고 영혼을 만족케 하시며 충만히 채우시며, 신령한 교통 속에 내려오시며 그리고 은혜롭고 기쁘게 생명과 빛을 발산하는 해와 같으며 한없이 솟아 나는 샘물과 같다. 그리고 때때로 생명의 말씀이며 생명의 빛이요, 달고 오묘한 생명을 주시는 말씀이시다. 하나님의 말씀의 탁월성에 대해 큰 감동을 받았다. 그리하여 내 마음속에 풍성히 거하실 때까지 하나님의 말씀을 갈급해 하였다.

이 마을에서 살게 된 이후로 종종 내 자신의 죄와 타락한 모습을 발견하고서 큰 충격을 받았다. 매우 자주 꽤 오랜 시간 심히 큰 소리로 통회하였다. 그리하여 종종 내 자신을 감금해 두었다. 내 자신의 악과 부정에 대해 회심하기 이전에 느꼈던 것보다 더 크게 느꼈다. 만일 하나님께서 내 부정함을 드러내시면 모든 인간 중 태초로부터 지금까지 태어난 인간 중 나는 가장 부정한 자요, 그래서 지옥의 가장 낮은 곳에 떨어질 것이라는 것을 자주 생각해 보았다. 다른 사람들이 내게 찾아와 그들 자신의 영혼을 염려하여 이야기할 때 그들은 자신이 마귀처럼 악하다고 말하였다. 그러나 그들이 쓰는 표현조차도 나의 완악함을 나타내 주기에는 너무 희미하고 미약했다.

현재 내 자신 안에 있는 악은 도무지 말로 표현할 수 없으며, 모든 생각과 상상을 지배해 버린 지 오래된 것이다. 지치지 않는 홍수와 같으며, 내 머리 위에 있는, 산더미 같이 큰 것이었다. 내가 깨달은 죄악을 표현할 때에, 무한에 무한을 더하는 것과 무한과 무한을 곱하는 것으로 표현하는 것보다 더 좋은 방법이 없었다. 수년 동안 자주 내 마음과 입으로 '무한 무한-무한 무한'이라는 말로 표현하였다. 내 맘속을 살펴보고 내 죄악을 발견할 때면, 지옥보다 더 무한히 깊은 구렁텅이를 보는 것과 같다. 값없이 거저주시는 은혜가 아니었다면 위대하신 여호와의 무한히 높으신 은혜와 영광에 이르지 못했을 것이다. 그리고 여호와의 능력과 은혜의 팔은 위대한 능력과 절대 주권의 영광 속에서 펼쳐졌다. 나는 죄악으로 말미암아 지옥 아래에 떨어져 내려가는 것 같았다. 그러나 그렇게 깊은 곳까지 감동시킬 수 있는 주권적인 은혜를 바라볼 수 있었다. 그럼에도 불구하고 죄에 대한 각성이 너무 적고 희미하여 나를 놀라게 할 정도였다. 그리고 더 이상 스스로의 죄에 대한 의식이 없다. 자신의 죄악에 대한 의식이 거의 없음을 나는 확실히 알고 있다. 지은 죄들 때문에 울고 부르짖는 일을 그만두었을 때쯤에는 나의 회개가 죄용서에 아무런 소용이 없었다는 것을 알고 있었던 것이다.

나는 최근에 상한 마음을 심히 구하였으며 하나님 앞에서 낮아지기를 소원했다. 또 겸손해지기를 간구한다해도 다른 그리스도인들보다 더 겸허하게 될 수 있다는 생각을 할 수가 없다. 다른 그리스도인들의 겸손의 수준이 그들에게는 적당한 것이 될 수도 있다. 그러나 내게 있어서는 그것이 자기 칭찬의 수준은 되어도 모든 사람들 중에서 가장 겸손한 수준은 되지 못한다. 또 다른 사람들은 죄 가운데서도 겸손해지기 바라는 갈망을 이야기한다. 그것이 그들에게는 적당한 표현이 될지 몰라도, 내가 항상 자신을 생각해 볼 때 그것은 오래 전부터 '하나님 앞에 무한히 낮아지기'를 기도할 때마다 자연스럽게 사용했던 표현이며 또한 꼭 그렇게 해야 한다고 생각한다. 젊어서 믿을 때에 내 마음속에 남아 있는 헤아릴 수 없는 악과 교만과 위선과 불성실을 얼마나 몰랐는지 생각해 보면 마음이 슬프다.

최근에는 이전보다 더 하나님의 은혜와 능력을 매우 강하게 의지하고 있다. 순수하고 선한 즐거움을 훨씬 더 크게 맛보고 있다. 그리고 내 속에 있는 의에 대한 혐오감을 더 크게 경험하였다. 내 자신의 친절과 선행, 혹은 경험, 혹은 마음이나 생활의 어떠한 선을 생각해 보아서 속에서 일어나는 어떤 기쁨을 기대하는 것은 구역질 나고 몹시 싫은 일이다. 그럼에도 불구하고 교만함과 자기가 의롭다는 독선으로 시달리지만 이전보다는 더 잘 깨닫고 있다. 내 주변의 모든 곳에서 끊임없이 사단이 머리를 쳐들고 일어나는 것을 보고 있다.

어떤 면에서는 현재보다는 처음 회심한 이후 2-3년 동안이 훨씬 더 참된 그리스도인이었으며 지칠 줄 모르는 기쁨과 즐거움을 가지고 살았던 때였다. 그럼에도 불구하고 최근 몇 년 동안 하나님의 절대 주권과 그 주권 속에서 기쁨을 충만히 누렸다. 그리고 복음서에 나타난 중보자이신 그리스도의 은혜를 더 많이 깨달았다. 특별히 어느 토요일 밤에 어떤 다른 교리들보다 뛰어난 복음의 탁월성을 발견하고서 '이것이 나의 택한 빛이요, 나의 택한 교리'라고 감탄하며 그리스도에 대해서는 '이는 나의 택한 선지자'라고 찬송하지 않을 수 없었다. 그리스도를 따르고 배우고 알게 되고, 가르침을 받고, 그리스도를 위해 산다는 것은 말로 형언할 수 없을 정도로 아름다운 일이다. 1739년 토요일 밤, 사명의 길을 걸으며, 하나님의 거룩한 마음에 합한, 바르고 합당한 일을 수행하는 것이 얼마나 복되고 아름다운 것인지를 깨달았다. 그리하여 문을 닫아 잠그고서는 '하나님 보시기에 의로운 일을 행하는 자들은 얼마나 행복한 사람들인가!'라고 소리 높여 외치지 않을 수 없었다. 동시에 하나님께서 세상을 다스리시며 자기가 기뻐하시는 대로 모든 일을 명하시는 것이 지극히 합당하다는 것을 강하게 확신하게 되었다. 또 하나님께서 통치하셔서 그의 뜻이 이루어진 것을 나는 기뻐하였다.

제 4 장

영적 대각성

지금, 하나님은 다시금 우리에게 성령을 부으시기를 기뻐하신다. 그리고 하나님은 우리 가운데서 큰 일들을 행하시고 계신다… 또 다시 한번 성령의 부으심을 위해서, 이 시간까지 과거 6년 동안 당신의 생명을 연장해 주셨다.

1740년 12월
조나단 에드워즈

그것은 '미신적인 광란'이 아니라, 성령의 넘치는 충만이었다.

조지 휫필드

사도 시대가 우리에게 되돌아온 것 같다. 그러한 외적 증거들은 하나님의 백성들의 집회들 가운데에 나타난 성령의 능력과 은혜에 대한 증거이다. 그런 간증들은 복음의 말씀에 대한 간증이었다.

1741년 11월
윌리엄 쿠퍼(William Cooper)

　에드워즈가 목회하는 동안 두 차례에 걸쳐 영적 대각성이 일어났었다. 먼저는 1734-1735년이었고 그 다음은 1740-1741년이었는데 이 때에는 뉴잉글랜드 전역에 걸쳐서 일어났다. 두번째 대각성의 특징은 조지 휫필드와 협력하여 사역했다는 점이다. 그 기간 동안 에드워즈는 교회의 열심을 북돋으면서도 순수성을 보존하려고 부단히 애썼다. 차츰 시간이 지남에 따라 자기 외할아버지요, 노스햄프턴 회중교회의 선임 목사였던 솔로몬 스토다드가 회중교회의 원칙을 깨고 회심하지도 않은 사람들에게 성찬 참여를 허용함으로써 신앙의 해이를 가져오는 실수를 했었다는 것을 깨달았다.

1. 영적 과도기(1735~1740)

　웨일즈에서 로우렌즈와 하우웰 헤리스가 중요한 설교 사역을 감당했다. 스코틀랜드의 전도 목사들 사이에 뚜렷한 관심과 연합 운동이 일어났다. 영국에서는 1739년에 휫필드와 웨슬레가 넓은 야외 광장에서 대중들에게 설교를 하였다. 18세기의 신앙의 역사를 새롭게 바꾸어 줄 수 있는 영적 운동이 드디어 시작되었던 것이다. 그런 일련의 사건들이 인간의 생각으로는 전혀 관련이 없어 보일 것이다. 그러나 그런 사건과 노력들이 합력하여 선을 이루었던 것이다. 영적 침체기에 있을 동안 가장 어려워하시는 분은 바로 하나님이시다. 하나님만이 그 일에 대한 해결책을 여러모로 준비하신다. 그렇게 준비가 충만해졌을 때에 역사는 터졌던 것이다. 영적 지진이 강도 있게 일어났다.
 '냉랭하고 무관심했던 기나긴 기간이 지나자마자 대각성이 맑았던 하늘을 몰아치는 천둥번개와 같이 잠자는 교회를 뒤흔들었다'고 뉴잉글랜드의 어느 한 목사가 기록했다. 심지어 1740년 후반기에 속하는 자료들 속에서도 우리는 1739년에 이미 아메리카가 대부흥의 문턱에 와있다는 징후를 엿볼 수 있다. 설교자들은 이미 예비되어 있었고 영혼 구원에 대해 관심을 갖고 있었던 여러 교회와 여러 지역에 기도의 영이 임하였다.

2. 제2차의 대부흥이 시작됨

1740년 봄에는 보다 좋은 변화가 있었고, 성령이 다시 젊은 청년들을 사로잡기 시작했다. 그리고 에드워즈에게 찾아와 함께 영혼의 상태를 상담하는 일이 흔하게 되었다. 이것은 곧이어 일어날 일에 대한 하나님의 준비 사역임에 분명했다.
 휫필드는 다음과 같이 일기에 그것을 기록했다.

> 1740년 10월 17일, 금요일.
> 빛이 비치자 곧 큰 역사가 일어나기 시작했다. 그리고 수년 전에 일어났던 하들리에까지 퍼져 나갔다. 최근 하나님의 백성들이 첫사랑을 상실해 가며 무감각한 상태에 있음을 한탄했다. 그럼에도 불구하고 하나님께서 그들의 영혼을 위해 앞서 미리 사역하신 점들을 들려주었을 때, 마른 장작에 불을 붙이는 것 같았다. 조금 휴식을 취한 후에 나룻배를 타고 노스햄프턴으로 건너갔다(약 5-6년 전

에). 그 곳은 적어도 300명 이상이 주 예수께 구원얻기를 호소하였던 곳이다. 그 곳의 목사는 바로 조나단 에드워즈이다. 그는 충실하고 훌륭한 그리스도인이다. 그러나 현재 건강이 별로 좋지 못하다. 내가 그의 강단에 섰을 때 성도들의 위안과 특권들에 대한 것 외에는 다른 어떤 귀중한 것에 대해서도 설교하고 싶지 않았다. 그리고 성령이 성도들의 심령에 흘러 넘쳤다. 그 때에 그들은 열심이었고 활기가 넘쳐 있었고, 목사와 성도들은 성령 충만해 있었다. 저녁에는 에드워즈의 집으로 온 여러 사람들을 하나님의 말씀으로 권면했다.

10월 18일, 토요일.

에드워즈의 요청에 의해 그의 어린 자녀들에게 말씀을 전했을 때에 그들은 크게 감동을 받았다. 오후에는 그의 회중들에게 4시간 정도 설교했다. 아침 시간에는 거의 은혜가 없었음을 느낄 수 있었으므로 두렵고 떨리는 마음으로 시작했다. 그러나 황공하게도 하나님께서 내게 영광스러운 하나님 나라에 대한 열정적인 소망과 기대를 주셨다. 그리하여 어느 정도의 열정을 가지고 그들에게 설교할 수 있게 되었다. 눈물을 흘리지 않는 사람이 거의 없었다. 마치 회복의 시간이 주님의 면전으로부터 온 것 같았다. 그럴지라도, 오소서 주 예수여, 어서 오소서, 아멘 아멘.

10월 19일, 주일.

오늘 아침에 설교하니 훌륭한 에드워즈는 예배 시간 내내 흐느꼈다. 다른 성도들도 같이 감동을 받았으며, 오후에는 능력이 더 강하게 역사했다. 우리 주님께서 끝까지 질 좋은 포도주가 되게 하시는 것 같았다. 오! 노스햄프턴 사람들이여 첫사랑을 회복하소서, 돌아오라 그리고 첫 역사들을 이루라!

3. 보스톤과 노스햄프턴에서의 조지 휫필드(1740 가을)

1740년에 휫필드가 조지아와 사우스 캐롤라이나에 와 있다는 소문이 퍼졌을 때, 보스톤의 여러 목사들이 그를 뉴잉글랜드로 초빙하였다. 그렇게 방문한 것이 '마른 장작에 불을 붙이는 것과 같은' 것이 되었다. 1740년 9월 중순, 보스톤으로 왔을 때, 불과 스물다섯의 나이였으나, 하나님의 영이 능력으로 나타나셨으며, 6년 전에 노스햄프턴에서 볼 수 있었던 것과 비슷한 광경이 재현되었다.

보스톤의 어느 한 목사는 다음과 같이 그의 설교를 평가하였다.

그는 하나님과 내세에 대한 굉장한 지각과, 청중들의 영혼의 불멸성과 귀중성에 대해 대단한 열정을 가지고 말씀을 증거했다. 또 청중들의 원죄와 중생치 못한 자들이 처해 있는 극한 위험성에 대한 절박감들을 가지고 말씀을 증거했다. 성령으로 말미암는 중생의 성격과 그 절대적 필요성을 전했다. 그리고 우리의 죄 용서와 의롭다하심을 얻기 위해 그리스도를 믿어야 할 것과 만족할 만한 순종을 드릴 것과, 또 지옥으로부터 구원받는 것과 천국으로 들어감을 얻어야 할 것에 대해 절박하게 설교했다. 많은 청중들이 크게 감동을 받고, 많은 사람들이 그의 생명력 있는 사역으로 말미암아 각성하였다. 매일 설교를 했어도 엄청나게 모여들었다. 마을 공유지에서 설교했을 때에도 엄청난 인원이 참석하였다. 거의 매일 저녁 그가 묵고 있는 가정집은 그의 기도와 권면을 듣기 위해 모인 인파들로 가득 찼다. 모든 세대가 깨어나게 되었다. 어느 한 늙은이는 횟필드가 행한 어느 설교에 대해 감사하여 '다시 살아난 청교도주의'라고 평가했다. 어린 소년들 중의 한 아이는 횟필드의 설교를 듣고 그 다음날 죽으면서 '나는 횟필드의 하나님께 가고 싶어요!'라고 울부짖었다. 2만 명 정도의 회중들에게 고별 설교를 한 뒤에 횟필드는 10월 13일 노스햄프턴으로 가기 위해 보스톤을 떠났다. 1735년 이후 노스햄프턴은 눈에 띌 만큼 변화되었다. 신앙에 관한 것이 일상적인 대화의 주제가 되었다. 술 마시고 떠들어대며, 흥겹게 놀거나, 불경스러운 잡담과 술집들이 많이 사라졌다. 그럼에도 불구하고 사람들의 영적인 열정과 관심이 다시금 서서히 식어 가고 있었다.

조지 횟필드가 영국에서 필라델피아에 도착한 때는 1739년 10월 초였다. 처음에는 조지아주의 사반나(Savannah)에 있는 고아원에 계속 머물려고 한 것이 아니라 6개월 정도 잠시 동안 있으려고 생각했다. 그러나 큰 일들이 벌어지면서 그의 계획은 바뀌었다. 그는 자주 테넌트를 만나고 증언하면서, 이미 영국에서 종종 보았던 것과 같은 설교 능력이 있음을 보면서, 중부 이민지와 처음으로 친숙해지게 되었다. 1739년 11월 13일에 뉴브룬스위크에서 길버트 테넌트와 함께 있는 동안에, 그와의 대화 내용을 그의 작품(일기)에 기록했다. "테넌트는 그들 가운데 내리셨던 복되신 성령의 놀라운, 많은 충만함을 나에게 설명해 주었다." 그 다음날 두 사람이 뉴욕으로 여행하고, 그 곳에 있는 부유한 상인이었던 에드워즈가 잘 알고 있는 토마스 노블(Thomas Noble)의 집에서 묵었다. 횟필드는 그 집에 있으면서 처음으로 노스햄프턴에 있는 목사관으로 편지를 써보냈다.

존경하는 목사님께

우리 주 예수께 향한 목사님과 노블 씨의 신실한 사랑의 소식이 저로 하여금 이 편지를 당신께 드리도록 하였습니다. 저는 하나님이 많은 영혼들을 위해 노스햄프턴에서 행하신 위대한 일을 인하여 기뻐합니다. 하나님께서 허락하시면 저도 몇 달 만이라도 가서 그 일들을 보고 싶습니다. 신문을 편지와 함께 보냅니다. 당신은 유럽에서 하나님께서 하시려는 일을 볼 수 있을 것입니다. 지금은 추수할 때입니다. 알곡과 쭉정이를 가릴 때가 임박했습니다. 박해와 신앙의 능력이 항상 대결합니다. 우리 주님의 말씀이 아메리카에서 영화롭게 되기 시작했습니다. 많은 심령들이 기쁘게 말씀을 받고 있습니다.

오, 목사님 저는 어느 곳에서나 볼 수 있는 무지로 인해 멸망되어가는 사람들을 볼 때에 너무나 슬픕니다…은혜의 하나님께서 믿음 안에서 모든 평화와 기쁨을 당신께 내리시길! 하나님께서 당신과 당신의 자녀들을 강건케 하시길! 모든 날이 기쁨이 되며, 하나님의 은혜의 성령으로 늘 새로운 구원의 감동이 충만하시길! 당신의 뜨거운 기도를 통해 일들이 성취되시길 바랍니다!

1739년 11월 16일 뉴욕에서
존경하는 선생님께
당신의 무가치한 형제, 우리 주님 안에서 종된 조지 휫필드 올림

'주께서 이제 하시려는 것'을 1739년 내내 에드워즈도 충분히 느끼고 있었다. '구원 시역의 역사'에 대한 에드워즈의 설교는 그의 기대

를 담고 있다. 에드워즈는 하나님이 성령을 신앙의 엄청난 부흥과 전도를 위해 영광스럽게 부어주실 것을 기대했다. 에드워즈는 장엄한 구원의 계획 속에서 역사적으로 나타난 모든 섭리를 자세히 살펴보았다.

하나님의 섭리는 아주 넓고 긴 강과 비교하면 적당할 것 같다. 수많은 지류를 가지고 서로 다른 지역에서 시작되며 서로 멀리 떨어져 있으나 모두가 한 곳으로 모인다.

횟필드와 에드워즈의 우정은 이 시기부터 시작되었다. 이들은 확실히 나누어진 '강의 지류'였다가 합쳐지게 되었다. 횟필드의 편지가 아마도 우송 중 어느 곳에서 지연되었던 것 같다. 에드워즈가 그 영국 설교자에게 보내는 첫 편지가 되는 것을 썼을 때, 에드워즈는 이에 대해 아무런 언급을 하지 않았다.

존경하는 목사님께

목사님께서 계획하시고 있는 내년 여름의 뉴잉글랜드 여행 중에 노스햄프턴을 방문해 주시면 좋겠다는 것이 저의 요청 사항입니다. 제가 이곳에서 당신을 만나보고 말씀 들으려는 바람이 단순한 호기심이 아님을 알아 주십시오. 제가 들은 바로는, 당신은 어느 곳에 가시든지 하늘의 축복을 받으신 분이라고 알고 있습니다. 저는 하나님의 뜻이라면, 당신의 교우들과 동역자들에게 임한 축복이 우리 마을에도 내리길 무척 갈망하고 있습니다. 사실 저는 당신의 사역이 뉴잉글랜드에서는 다른 지역에서 이루어진 것보다 약하고 힘없이 될까봐 염려됩니다. 이 지역은 소위 빛과는 구별된 지역이었고, 오랫동안 복음을 들었고, 복음에 싫증나 있고, 복음을 깔보는 지역입니다. 저는 당신이 이제껏 설교하던 다른 어떤 지역보다 더 완악한 이 곳을 생각할 때마다 두려움을 느낍니다. 저는 다른 지역에서처럼 당신의 사역 중에 하나님의 능력과 자비가 놀랍도록 나타나길 바랍니다. 비록 우리가 무가치하지만, 하나님께서 당신과 함께하시면, 우리에게까지도 축복하시리라 믿습니다. 하나님께서 저의 목숨을 연장시키신다면, 어리석고 사악하고 비참한 세대에서 그리고 모든 민족의 극도의 죄에서 이제 막 시작된 뉴잉글랜드에서의 하나님의 구원을 제가 볼 수 있을 것입니다.

저는 영국교회에서 나타난 소식을 들었는데 이 소식은 제 영혼에 새로운 활력을 불어 넣어 주었습니다. 영국국교회에서는 신비롭고 영적이면서 동시에 멸시당하고 깨어진 복음의 원리들과 실제적이며 활력 있는 경건의 발전을 위한 영적 열심으로 다시금 충만하게 되었다고 들었습니다. 그들의 수고가 성공적 업적을 이루었더군요. 그런 일을 이룬 자에게 하나님의 복이 임하길! 하나님께서는 당신과 함께 계시며 당신을 도우시며 당신의 전투를 위해 강력한 무기를 만들어 주십니다. 우리는 하나님께서 신실하시며 자신의 교회와 맺은 약속을 결코 잊지 않으실 것을 알고 있습니다. 하나님은 꺼져 가는 심지를 끄지 않으십니다. 비록 홍수가 덮을지라도 불꽃을 다시 살리십니다. 아무리 어두울 때라도 말입니다. 저는 이것이 세상을 향한 하나님의 권능과 영광스런 은혜의 여명이길 바랍니다. 하나님께서 보다 많은 일꾼들을 추수를 위해 보내실 것입니다. 그 때에 사단의 거만한 왕국은 그리스도의 왕국과 영토에서 완전히 제거될 것입니다. 그리스도의 나라는 빛과 거룩함과 평화와 사랑의 영광스런 나라로 땅 이끝에서 저끝까지 세워질 것입니다.

제가 감히 말할 수 있는 것은 당신의 사역이 뉴잉글랜드의 다른 어느 지역에서보다도 이 곳에서 가장 관심을 끌고 있다는 것입니다. 또한 이곳에서는 완전히 신뢰합니다. 그래서 말인데 기회가 주어지는 대로 우리는 당신의 말씀을 들을 수 있기를 고대합니다. 뉴욕에서 노스햄프턴을 경유해 보스톤으로 가는 길은 다른 길에 비해 그다지 멀지 않고, 제 생각에는 이곳도 다른 지역 만큼이나 인구가 많은 곳이라 생각되는군요. 저는 당신과 씨워드(Seward) 씨가 곧바로 저희 집에 오시기를 바랍니다. 두 분과 같은 손님을 모실 수 있는 기회를 주신다면 저희에게는 커다란 영광과 기쁨이 되겠습니다.

> 1739년 2월 12일 뉴잉글랜드 노스햄프턴에서
> 조지 휫필드 목사님께
> 당신의 무익한 동역자 조나단 에드워즈 올림

페리 밀러(Perry Miller)는 뉴잉글랜드에 대해 언급하면서, 영적 대각성을 가장 단순한 형태로 '화약통'이라고 설명했다. 그는 말하기를, "조나단 에드워즈는 이미 도화선에 불을 붙이고 휫필드는 폭발시켰다"라고 했다. 그는 그 사건을 단순히 성공하기에 특별히 유리한 환경 속에서 이루어진 '신앙부흥운동'(revivalism)이라고 생각했다.

그러나 이런 식으로 의견을 제시하는 사람들은 에드워즈가 이미 이런 의견에 대해 언급한 사실을 쉽게 잊은 것 같아 보인다. 에드워즈는 1742년에 말하기를 대각성의 시작에서 인간의 역할은 아무것도 아니라고 했다.

> 그들은 이 사역을 위해 일하는 방법에서 그리고 판단하는 방법에서 실책을 범했다. 또한 시작하는 과정에서도 실수가 있었다… 도구는 이미 다 갖추어져 있었고, 수단도 이미 활용되고 있고, 방

법도 다 선택되고 계속 수행되던 상태였기 때문이다…여기서 우리는 일의 결과를 살펴볼 필요가 있다. 만일 검토 결과 후 그 일이 하나님의 사역과 일치할 수 있는 것으로 판명되면, 하나님의 사역으로 알고 그 일에 참여해야 한다. 만약 하나님께서 어떻게 이런 결과를 만드셨으며, 왜 그런 방법을 사용하셨는지를 우리에게 설명해 주실 때까지, 우리가 참여하지 않는다 하자, 그렇다면 우리는 자신들의 교만함에 대해 책망을 받게 될 것이다…위대하신 하나님께서 이 사역을 수행하심에 있어서 하나님의 방법으로 이루신 것을 나는 보았다. 그 때문에 나는 하나님의 영광을 너무나 많이 보았고, 그로 인해 그의 절대 주권과 능력과 모든 풍성하심을 찬양했다.

1740년 미국의 식민지에서는 이 갑작스런 변혁에 대해 호의적 태도를 보이는 편이 아니었다. 중부 이민지 뉴런던더리(New Londonderry)에 있던 사무엘 블레이어(Samuel Blair)는 그 해 봄에 있었던 상황에 대해 "교회는 말하자면 죽어 잠자는 돌이 누워 있는 것과 같고, 지상에 있는 교회들의 마지막 호흡이 끝나려는 것 같다"고 했다. 뉴잉글랜드에서도 역시 1734-1735년에 있었던 지역적이었던 부흥으로 말미암아 제거되지 않고 걸러지지 않은 채 반 세기에 걸쳐 계속되던 형식주의가 더욱 확산되었다. 중요 인물들에게 미친 충격마저도 변화를 가져 오는 계기가 될 수 없었다. 왜냐하면 각성이 특정인물에게 있고 없음에 따라 이에 비례해서 결과가 나타나는 것이 아니었기 때문이다. 이런 지도급 설교자들도 항상 성공적으로 사역을 이루지는 못했다. 설교들을 이전과 같이 성실히 반복했는데도 그 결과는 달랐다. 그 사건들의 중심에 가장 가까이 있던 사람들은 성공적 사역이 결코 인간의 손에 달려 있지 않음을 가장 깊이 명심하고 있던 사람들이었다. 공통적으로 그들은 그리스도의 말씀이 새로운 힘이라는 것을 깨닫고 있었던 사람들이다. "바람이 임의로 불매 네가 그 소리를 들어도 어디서 오며 어디로 가는지 알지 못하나니"(요 3:8). 간단히 말해서 영적 대각성은 다음의 진술을 확정지어 주는 것들 중의 하나였다. "민족의 가슴에 일어나는 모든 실제적이며 영적인 각성들은 사람이 아닌 하나님께서 원조성자였다는 것을 신앙부흥의 역사는 말해 준다."

횟필드는 1739년 11월 뉴욕에서 에드워즈에게 편지를 보낸 후 불과 몇 개월 되지 않아서 노스햄프턴을 방문했다. 결국 그가 숲 속 마도를 통해서 마차로 1740년 10월 17일에 도착했을 때는, 이미 그 지역에 전반적인 부흥이 시작된 직후였다. 중부 이민지에서 봄과 여름에는 처음으로 부흥의 강도를 느낄 수 있었다. 목사들은 그들이 본 것을 새로운 방식으로 표현했다. "하나님께서 우리 집회에 함께 계신다." 혹은 "성령께서 설교자와 교인들 위에 임하셨다"라고 했다. 설교를 듣고서도 마음에 감동을 받지 못했던 지역에서조차 "사람들이 자신들 앞에 열려 있는 지옥을 보았고, 자신들이 곧 그 곳에 떨어지리라는 것을 알았다"라고 했다. 1740년 5월이 다 가기 전에 "이제껏 미국에서 알려진 바로는 그렇게 전반적인 각성과 하나님의 일에 대한 관심이 그토록 고조된 적이 없었다"라는 말이 들렸다. 횟필드는 9월에 뉴잉글랜드의 보스톤에 도착했다. 거기서 그는 10여 일 동안 설교했고, 마을에서는 각성의 기미가 보였다. 그러나 징후는 그가 오기 이전에도 이미 나타났었다. 네틱(Natick)에서는 사람들 사이에 죄를 깨닫는 모습이 늘어 갔으며, 어느 곳에서나 이 시기에 하나님께서 특별한 방법으로 개인에게 역사하시는 모습이 많이 나타났다. 예를 들면, 에드워즈의 친구이자 메사추세츠의 수톤(Sutton)의 목사인 데이비드 홀(Daivid Hall)은 1740년 봄에 하나님께서 자기 신앙이 매우 저조하고 우울한 침체에 빠져 있음을 깨닫게 하심으로써 그를 겸손하게 만드셨다. 그의 느낌은 거기서 그치지 않는다.

> 나는 이 시간에 다시금 용기를 얻고 열망으로 가득 찼다. 그러므로 나는 영혼들을 주 예수 그리스도께로 전향시키기 위해서 우리 가운데 소생하는 신앙의 능력을 붙들 것이다. 그리고 이런 열망과 함께 또 하나의 불타는 갈망이 나를 덮쳤다. 이 갈망은 그리스도께서 자신의 목숨을 내어준 사람들을 그리스도께 인도하는 것이었다. 그 목표를 이루기 위해서 나는 성소를 갈망하였다. 나는 이때부터 성령으로 하는 설교와 지식으로 하는 설교가 각각 무엇을 의미하는지 이전보다 훨씬 더 잘 알 수 있었다. 비록 나는 아직도 심히 연약하지만….

노스햄프턴이 영적 대각성에 동참한 것에 대한 에드워즈의 평가는 그가 보스톤의 한 목사에게 보낸 편지에 충분히 잘 나타나 있다. 이 편지에서 그는 1735년 '하나님의 위대한 사역' 이후에 '위대하고도 영원한 변화'에 대해 언급했다. "지역사회의 젊은이들은 환락과 조롱과 불경스럽고 음탕한 대화와 음란한 노래에 쉽게 젖어들었다." 그는 계속 말하기를,

> 비록 위대한 역사(役事)가 있었으나 9년 전의 신앙적 열정은 개탄할 만큼 식어졌고, 신앙에 대한 애착심은 찾아볼 수 없었다. 그

럼에도 불구하고 기도와 예배를 위한 여러 모임들이 오랫동안 존속 되었다. 그리고 아주 절박한 시간에조차 각성이나 저 세상에 대한 관심을 기울였던 사례는 찾아보기 힘들었다.

횟필드가 이 마을을 방문하기 전, 1740년 봄에 눈에 보일 만한 변화가 있었다. 젊은 사람들 사이에 보다 진지하고 신앙적인 대화가 있었다. 그들 가운데 자리잡고 있었던 나쁜 행위들이 사라졌다. 자신들의 영혼의 구원을 위하여 목사에게 찾아가 의논하는 것이 대단히 흔한 일이 되었다. 그리고 그들 중에는 영혼 구원에 대해 대단한 관심을 보이는 특별한 사람들도 있었다. 횟필드가 오기 전, 다음 해의 10월 중순까지 그런 일들이 계속되었다.

횟필드의 일기를 보면, 금요일 오후부터 주일 저녁까지의 이 인상 깊은 방문에 대해 한 페이지 반이나 할애하고 있다. 1740년 10월 17일, 금요일 일기에 이렇게 썼다.

우리는 나룻터를 가로질러, 5년 전 300여 명이 구원을 받았던 노스햄프턴으로 갔다. 에드워즈는 신실하고 탁월한 그리스도인이었다. 그러나 현재 몸이 허약하다. 그의 추종자를 뉴잉글랜드의 전역에서 단 한 사람도 보지 못했다고 생각된다. 내가 그의 강단에 올라 섰을 때, 나의 마음이 성도의 위안과 특권 그리고 신자 위에 임하시는 풍성한 성령의 임재를 제외한 어떤 것도 전하고 싶지 않다는 것을 발견했다. 저녁에는 에드워즈의 집으로 온 몇몇 사람들에게 권면했다.

그 다음날 아침에 에드워즈는 25세밖에 되지 않는 이 손님을 위해 한 가지 계획을 세워 놓았다. 우선 이 손님으로 하여금 교인들에게 설교하게 하고, 그 다음에는 말을 타고 윌리엄 윌리암즈의 교회당이 있는 헷필드(Hatfield)로 갔다. 그리고 최종적으로 횟필드 자신이 기록해 놓은 대로, 그날 오후 4시에 노스햄프턴에서 집회를 갖는 것이었다. 그는 쓰기를 "나는 두려움과 떨림으로 시작했다. 그러나 하나님께서 나를 도우셨다. 집회에서 모든 이들이 눈시울을 적셨다. 나는 위에 있는 세계의 영광들을 몹시도 기대했고, 어느 정도의 열정을 가지고 설교할 수 있었다."

그 주일의 두 차례의 설교는 그 방문의 열매를 맺게 하였다. "이 날 아침 내가 설교를 할 때, 선한 에드워즈는 예배시간 내내 눈물을 흘렸다. 교인들도 같은 감동을 받았다. 그리고 오후에는 그 능력이 더욱 커졌다. 내가 도착한 이후로 네 차례의 집회 만큼 은혜스러운 모임을 보지 못했다." 비록 에드워즈가 자신에 대해서는 언급하지 않았지만, "회중이 매 설교 때마다 비상할 정도로 마음이 녹아지는 시간"이었음을 에드워즈는 확신하고 있었다. 그리고 에드워즈는 덧붙이기를 "횟필드의 설교는 이 마을의 상황에 적합한 설교였다"고 말했다.

잊혀지지 않을 그 주일, 그 날 저녁에 횟필드는 에드워즈의 인도를 받아서 말을 타고 떠났다. 화요일 오후 그들은 동원저에 도착했다. 횟필드는 그 곳의 한 노인네 가정에서 저녁 식사 전에 모인 회중에게 설교했다. 수요일 아침에 헤어져서 횟필드는 뉴헤이븐으로 향했고, 에드워즈는 커넥티컷으로 돌아왔다. 같은 주에 사는 사라 에드워즈는 뉴헤이븐에 있는 그녀의 오빠 제임스 피엘폰트에게 편지를 썼다. 이 편지에서 그녀는 횟필드의 방문을 이야기하면서, 그녀의 오빠에게 횟필드의 방문을 환영하도록 권유했다.

그는 성경의 명료한 진리를 청중들에게 전파하는 것을 무척이나 훌륭히 해내었습니다. 거기에는 숨을 죽이고 그의 설교를 듣는 수천 명이 있었습니다. 단지 간간이 들려오는 울먹임 소리로 고요함이 깨질 뿐이었습니다. 그는 무식한 사람들에게도 감명을 주었고 교육을 받은 사람들이나 교양이 있는 사람들에게도 마찬가지였습니다. 영국의 광부들이 그의 설교를 들을 때, 그들의 뺨에 눈물 줄기가 흘러내렸다는 사실은 잘 알려져 있습니다. 여기서도 그랬습니다. 어떤 상인들은 가게의 문을 닫고, 날품꾼들은 연장을 던져 두고 그의 설교를 들으러 왔습니다. 그리고 돌아갈 때는 많은 감명을 안고 돌아 갔습니다…그는 가슴으로부터 나오는 사랑을 가지고 열정을 다해 설교했습니다. 그의 설교는 홍수가 되어 휩쓸었으며 도저히 저항할 수 없는 것이었습니다. 노스햄프턴에서 그에게 설교를 듣고 새로운 마음과 새로운 소망과 새로운 목적 그리고 새로운 삶을 시작한 많은 사람들이 그리스도와 구원을 전파했습니다. 에드워즈나 몇몇 사람들은 에드워즈가 실행상 약간의 실수가 있었음은 인정하나, 그의 영향력은 전반적으로 볼 때 거의 실수가 없었다고 할 만큼 훌륭한 것이었음을 분명히 밝혔습니다.

그녀의 오빠가 이 편지를 읽기 전에, 사라 에드워즈의 글은 이미 여러 차례에 걸쳐 확증되었다. 화요일 저녁에 동원저에서 전한 횃필드의 설교는 48시간 전에 노스햄프턴을 떠난 후 여섯번째의 설교였다. 수요일에도 그는 헷포어드와 웨더스필드에서 설교했다. 한때 농부였던 나단 콜레(Nathan Cole)의 기록은 영적인 일들에 대해 불붙게 된 관심과 많은 회중이 함께 모일 수 있게 되었던 방법에 대한 설명을 제공한다.

지금 휫필드를 옛 사도 중의 한 사람같이 이곳 필라델피아 강단에 보내주신 분은 하나님이시다. 그리고 그에게 많은 양떼들을 이끄셔서 복음을 듣게 하시며, 그리스도께 회심토록 하신 분도 하나님이시다. 나는 성령께서 회개토록 하시는 것을 느꼈다…그 다음날 나는 그가 롱아일랜드에 있다고 들었고 그 다음날은 보스톤, 그 다음날은 노스햄프턴에 있다고 들었다. 그러던 어느 날 아침 8시나 9시쯤 돼서 소식이 들렸다. "휫필드 씨가 헷포어드에 와서 어저께 웨더스필드에서 설교했고, 오늘 아침 10시에 미들타운에서 설교한다"는 것이었다. 내가 들에서 일하던 중이었다. 나는 손에 들었던 연장을 떨어뜨리고 말을 타기 위해서 목장으로 전력을 다해 뛰었다. 아내에게는 미들타운으로 가서 휫필드의 설교를 들을 것이니 빨리 준비하라고 졸랐다. 그리고 그의 설교를 듣기에 너무 늦지 않을까 염려하며 전력을 다해 목장으로 다시 뛰었다. 말을 집으로 끌고 와서는 아내를 태우고 말이 견딜 수 없을 만큼 힘껏 달렸다. 한참 가다보니 말이 숨이 넘어가기 일보직전이었다. 나는 내려서 아내를 안장에 앉히고서 나 때문에 늦지 않도록 될 수 있는 대로 빨리 달리기 위해 발걸음을 재촉했다. 숨이 차서 더 못 달릴 때까지 달리고는 다시 말에 올랐다. 이렇게 몇 번을 해서 나의 말은 두 사람을 태우고 무려 12마일을 한 시간만에 도착했다.

높은 언덕에 이르렀을 때 나는 내 앞에 펼쳐진 구름과 안개 같은 것을 볼 수 있었다. 처음에 그것은 큰 강에서 올라온 것인 줄 알았는데, 점점 길 가까이 갈수록 더 시끄러운 소리와 길을 따라 내려오는 말발굽 소리가 들렸다. 내가 본 것은 달리는 말들이 일으키는 뿌연 먼지였던 것이다. 먼지는 공중으로 높이 올라가서 언덕 꼭대기와 나부늘을 덮었다. 내가 길에서 약 20라드(rod) 정도까지

왔을 때는, 먼지 속을 헤쳐나가는 사람들과 말들을 볼 수 있었다. 그들에게 완전히 가까이 가보니 사람들과 말들의 행렬이 줄기차게 흐르는 냇물과 같았다. 기진맥진하여 거품을 물고 땀에 흠뻑 젖은 말들이 간혹 행렬 뒤에 있었다.

　　우리는 행렬에 섞여 내려 갔으나, 3마일이나 되는 길을 가는 동안 내내 아무도 입을 열지 않았다. 단지 모든 사람들이 급하게 앞을 향해 달릴뿐이었다. 그래서 우리가 옛 집회소에 도착했을 때, 그 곳에는 엄청난 군중들이 자리를 지키고 있었다. 듣기로는 3,000-4,000명 정도 모였다고 했다. 우리는 말에서 내려 먼지를 털었다. 그 때에 목사님들이 집회장소에 들어오셨다. 눈을 돌려보니 강에서는 나룻배들이 빠른 속도로 강을 건너오고 있었고, 일부는 다시 태우려고 돌아가고 있었다. 그들은 온 힘을 다해서 빠르게 노를 저었다. 모든 사람들과 말들은 살아남기 위해 발버둥치는 것 같았다. 육지와 강둑은 사람들과 말들로 뒤덮였다. 약 12마일 이내에는 일하고 있는 사람을 찾아볼 수 없었으며 모두들 어디 갔는지 보이지 않았다.

　이런 광경에도 불구하고, 그 시기는 뉴잉글랜드에서 부흥이 단지 시작한 것에 불과했다는 것이 분명하다. 휫필드가 그 다음 주에 뉴욕으로 돌아왔을 때, 영적 관심이 쇠퇴하기보다는 오히려 계속적으로 증대되었다. 노스햄프턴에 관한 에드워즈의 글을 보자.

　　이 일이 있은 후에, 즉시로 보다 많은 사람들의 마음이 신앙에 관심을 나타내기 시작했다. 이들은 대화의 주제를 신앙으로 삼는 진전을 보였다. 그리고 신앙적 목적으로 자주 만나고, 설교를 듣고 싶어 있는 기회는 모두 반겼다. 부흥은 우선 신앙고백자들 가운데서 그리고 구원의 상태에 있기를 바라는 자들 가운데서 주로 발생했다. 그들은 휫필드가 말씀을 전했을 때에 들었던 사람들이었다. 그러나 대단히 짧은 시간 안에 한 무리의 젊은이들 가운데서 각성에 대한 깊은 관심이 나타났다. 그들은 자신들이 그리스도가 없는 상태임을 발견한 것이다. 그들에게 바람직한 회심의 모습들이 다소 있었다. 그리고 일부 신앙고백자들 사이에서 커다란 부흥이 일어났다. 1개월 혹은 6주만에 마을 내에서 주목할 만한 일이 일어났는데, 하나는 신앙고백자들의 부흥이요, 다른 하나는 젊은이들의 각성이었다. 12월에 하나님의 특별한 역사가 아주 앳된 젊은이들 가운데 있었다. 신앙의 부흥은 점점 더 강하게 일어났다. 그래서 봄에는 신앙적인 일에 몰두하는 것이 젊은이들과 아이들 사이에서 일반적인 일이 되었으며, 거의 대부분의 경우 그들이 모이면 신앙적 주제로 대화를 나누는 것이 보편화되었다.

노스햄프턴에서의 부흥은 1741년에도 계속되었다. 5월이었다. 한 번은 에드워즈가 개인적으로 한두 명의 신앙고백자들에게 그들의 집에서 설교한 적이 있다. 신적인 사건들의 위대함과 영광을 바라보고 얼마나 큰 감화를 받았던지 그 자신들이 녹초가 되어 버렸다. 그들의 몸에 임하는 감동이 눈에 보일 정도였다. 그런 광경들은 보편적인 것이 되었다. 밤에 이루어지는 모임은 없었다. 그러나 때때로 예배를 마친 후에 사람들이 너무 충격을 받아서 녹초가 되어 집에 돌아갈 수 없었고, 그래서 어쩔 수 없이 밤새도록 거기에 머물러 있어야 했다. 하나님의 역사(役事)는 8월과 9월에 절정을 이루었다. 에드워즈는 간단한 문장으로 이것을 요약했다. "수많은 죄인들의 가슴에서 죄를 깨닫고 회심하는 역사가 여름과 가을에 더욱 영광스럽게 진행되어 갔다.

수많은 사람들이 그리스도께로 돌아와 구원얻게 될 것이라는 소망을 가져도 좋을 이유를 우리가 가지고 있다고 나는 생각한다."

마을의 어린이와 젊은이들에게 나타난 복음의 뚜렷한 영향력은 에드워즈에게 가장 힘이 되는 것이었다. 한번은 공예배를 마친 후 17세 이하의 소년들이 나뉘어서 모임을 가졌고, 이때 에드워즈는 그들의 나이에 적당한 상담을 했다. 그 결과 모든 소년들이 큰 감명을 받았다. 그리스도에 대해 즉각적으로 고백하도록 밀어부쳐야 했는데 그렇게 하지 않았다. 그러나 몇몇 청소년들이 집에서 울던 것처럼 울부짖었다. 에드워즈는 평가하길 "비슷한 모습이 다른 몇몇 어린이들 모임에서도 나타났다. 하지만 그들이 받은 열정은 전혀 다른 본질로부터 온 것이었다. 실제로 많은 경우에 다른 모임의 감동은 유치한 열정과 같은 것이었고, 그래서 하루 혹은 이틀이 지나면 그들은 이전의 상태로 돌아갔다. 그러나 이들의 감동은 대단히 깊은 것이었고 그래서 그들은 빠른 속도로 죄를 깨달았고 감동이 그들의 마음에 자리잡았다." 다른 모임들이 16세나 26세의 젊은이들을 위해 열렸다. 이보다 나이가 적은 청소년들도 어린아이들과 함께 바람직한 회심자들이 되었다. 1735년에 성령의 역사가 있을 때에 이미 성장한 사람들과, 믿음에 순종이 따르지 않은 채 부흥을 증언한 사람들은 이제 거의 다 사라져 버렸거나, 간혹 한두 명이 있을 뿐이었다. "이제 막 돌아온 세대는 주로 신세대이다"라고 에드워즈는 말했다. "지금까지 노스햄프턴에서 어린아이들에게 있었던 역사 가운데서 가장 놀라운 역사를 우리는 보았다…모든 연령층 중에서 어린이들이 가장 많은 수를 차지했다. 아무튼 그 역사(役事)가 보다 더 많은 젊은이들 사이에서 전반적으로 나타났다."

우리가 기도하고 설교하면 할수록, 우리의 마음이 더욱 커졌다. 일하는 것이 더욱 기뻤다. 오, 우리의 청중들은 얼마나 많고 진지하며 주의 깊은가…지금은 우리가 알지 못하는 시대이다. 쿠퍼 목사님은 버릇처럼 얘기했다. 그가 24년 간 목회할 때 왔던 사람보다 한주에 온 사람이 더 많을 뿐더러 자신들의 영혼에 대한 관심도 더욱 깊었다고 했다. 나 역시도 나에게 오는 사람들의 수에 관해 같은 말을 할 수 있다. 쿠퍼가 스코틀랜드에 있는 자기 친구에게 보낸 편지에 의하면, 3달 동안에 약 600명의 서로 다른 사람들이 찾아왔다. 그리고 에브(Webb)가 내게 알려준 바에 의하면, 한번에 같은 공간에 약 1,000명의 사람들이 자기를 찾아왔다고 한다. 에드워즈가 감당할 수 있는 설교 횟수보다 더 많이 요구받은 것 외에, 또 1741년 여름 내내 에드워즈의 도움을 더 많이 요청하는 일이 증폭되었다. 뉴잉글랜드 전역에서 목사들이 이전에 결코 보지 못했던 것을 증언했던 바와 같다. 벤저민 트럼불(Benjamin Trumbull)의 말대로, '대부분 사람들 사이에서 자신의 구원과 영혼에 대해 큰 관심을 쏟기 시작했다. 각성은 이전에 그들이 알고 있던 그 어떤 것보다 전반적이며 특별한 것이었다.'

뉴잉글랜드에서의 특별한 3개월이 지난 후 1741년 4월에, 길버트 테넌트는 휫필드에게 부흥이 확장되어 갔던 지역이 20개가 넘었다고 알려주었다. 물론 1,000명 까지는 안돼도 수백 명의 의롭고 영적인 관심을 가진 사람들이 있는 보스톤에 대해서도 알려주었다.

1741년의 봄이 지나고 여름이 왔을 때는 부흥을 증거하고 있던 지역들의 수를 아무도 정확히 추정하지 못했다. 어떤 경우에는 연초에 차갑고 건소했던 교회가 연말이 되기 전에 변화되었다. 에드워즈는 말한다.

몇몇 도시에 변화가 일어난 것은 정말 놀라운 일이다. 그 곳은 이전에는 신앙적 관심이 거의 없던 곳이었기 때문이다. 뉴잉글랜드 전역에서 교인의 수가 엄청나게 늘어났다. 스필드 교구에서 그리고 1741년 봄에 목사님이 돌아가신 햄프셔주에서, 에드워즈는 정규적으로 도움을 주었다. 그리고 그 다음 몇 달 동안에 95명이 새로이 입교했다. 1741년 헷포어드에서는 27명이, 노오스 스토닝톤(North Stonington)에서는 104명이, 보스톤의 올드사우스교회에서는 6개월만에 60명이, 같은 도시의 뉴오드교회에서는 12개월만에 102명이 늘었다. 1741-1742년에 힝헴(Hingham)에서는 45명이, 플리머쓰(Plymouth-영국서남부 해안도시, 1620년에 Mayflower호가 Pilgrim Fathers를 태우고 이곳에서 떠났다. 미국에서는 메사추세츠주 동남부에 있는 도시로 1620년에 도착한 곳, 뉴잉글랜드에서 가장 오래된 도시)에서는 84명이, 미들보로우(Middleborough)에서는 174명이 늘어났다.

어떤 곳에서는 회중 사이에서 점차적으로 관심과 애착을 보인 반면, 특정한 날에 너무나 갑작스럽게 변화되어서 전혀 잊혀지지 않는 일들도 있었다. 조나단 파어슨즈는 1730년대 초반에 에드워즈 밑에서 신학을 공부한 사람이었다. 그는 1741년 라임(Lyme)에서 설교하면서 말하기를, "많은 사람들의 용모가 바뀌었다…수많은 사람들이 영혼의 고통 때문에 큰 소리로 울부짖었다. 그러나 완고한 사람은 대포가 불을 뿜을지라도 포탄이 그들의 마음에 떨어질지라도 무반응이었다." 11월 23일에 미들보로우에서는 76명이 깨어져서 그들이 심판을 면하기 위해 무엇을 해야 하느냐고 처음으로 물었다. 그리고 11월 27일에 포츠마우쓰(Portsmouth)에서 '그 날은 우리가 알고 있는 날 중에서 가장 특별한 날'이라고 일컬어지는 날이 있었다. 그 외에도 많이 있다.

이 시기의 일반적 상태를 벤저민 트럼불은 다음과 같이 쓰고 있다.

> 대부분 사람들의 마음속에는 죄에 대한 두려움이 있었고, 죄를 지적하시는 하나님의 진노에 대한 두려움이 있었다. 죄의 각성은 전반적이었던 것으로 보인다. 사람들의 모든 행위가 하나님의 눈앞에 있었다. 분별력 있고 건전한 판단을 가진 사람들이 그 시대의 사람들의 감정과 전반적 상태를 가장 잘 알 수 있었던 사람들이었다. 그래서 거리에 금 자루나 은 자루 또는 다른 귀중한 것을 두고 다니더라도 안전했다. 아무도 그것을 자기 것으로 만들려고 죄를 저지르지 않았다. 도둑이나 호리는 계집이나 방탕한 사람이나 불경스런 사람이나 안식일을 지키지 않는 사람이나 다른 죄악의 덩어리들이 사라져 버렸다. 주일의 휴식시간은 헛된 세속적인 대화로 시간을 허비하지 않고, 신앙적인 대화를 나누고 찬송하며 성경읽고 하나님을 찬양하는 데 쓰여졌다.

그 당시에 에드워즈의 체력이 떨어지고, 업무가 과중했다고 말하는 것은 전혀 의아스러운 일이 아니다. 에드워즈는 다른 교회를 돕던 중 오히려 자기가 도움을 받아야겠다고 느꼈다. 이것이 1741년 6월 9일 엘리저 휠럭(Eleazer Wheelock)에게 쓴 편지에 나타나 있다. 각성운동 중의 주요 설교가들 중의 한 사람인 휠럭은 1733년 예일을 졸업하고, 각성운동 당시 레바논에 있는 제이교회의 목사로 있었다. 에드워즈는 처음으로 그에게 도움을 호소했고, 그리하여 벤저민 포머로이가 한 정착촌에 가서 설교했다. 그 곳은 지독한 환경에 처해 있었고, 에드워즈의 아버지의 교구의 북쪽에 위치하였고, 상당히 멀리 떨어진 곳이었다. 에드워즈는 휠럭을 재촉하며 말하기를, "만약 그들이 고침을 받는다면 나는 그것이 진정한 신앙의 부흥과 전파로 말미암은 것이라고 확신한다. 하나님의 은혜로운 임재가 있을 특별한 그날에야 나는 그들의 자아가 완전히 죽은 것으로 이해할 수 있다."

나이든 에드워즈(휫필드는 그를 티머디 에드워즈라고 불렀다)는 분명히 요청받았던 그 이상의 여행을 하고 일을 하였을 것이다. 휠럭이 말한 것으로 미루어 보아, "에드워즈는 거기서 그 해에 있었던 다른 날들보다 더 많은, 100편의 설교를 했다. 에드워즈의 편지를 계속 살펴보면 다음과 같다.

> 제가 당신에게 바라는 또 한 가지는 당신이 여기에 와서 우리를 돕는 것입니다. 당신과 포머로이 씨가 함께 오시기 바랍니다. 우리들 가운데서도 늦었지만 신앙부흥이 일어났습니다. 당신의 사역은 저보다 더 두드러진 축복을 받은 것 같습니다. 제가 들은 바로는, 다른 목사들이 당신께 강단을 허용하지 않는다고 하더군요. 제가 당신께 강단을 개방하겠습니다. 부디 하나님께서 당신을 이곳에 보내주셔서, 다른 곳에서 당신을 보내셔서 축복하신 것같이 이곳에도 하나님의 축복이 임하길….

에드워즈가 6월에 휠럭에게 보내는 편지에 보면 노스햄프턴 방문을 허락받은 것이 나타난다. 정확히 한 달 후에 두 사람이 엔필드와 커넥티컷에 함께 있었다. 전해 오는 얘기로는 에드워즈가 7월 8일에 엔필드에서 설교하기로 계획된 것이 아니고 단지 다른 사람 대신에 한 것이라고 한다. 분명한 것은 그 지역은 각성운동이 일어날 것인지 아닌지에 대해 무관심했고, 대각성의 영향을 아직 받지 못한 채 남아 있던 곳이었다. 이웃 교회들의 교인들이 하나님께서 자신들에게 은혜의 소나기를 내리실 때에 엔필드를 빠뜨리지 않기를 기도했다. 에드워즈가 그의 성경 신명기 32장 35절을 찾아서 '진노하시는 하나님의 손에 든 죄인들'이란 주제에 관해 이전에 자기 교회에서 간단하게 설교한 것을 다시 되풀이 했다. 휠럭은 트럼불에게 알리길 "'마음이 없고 못된' 사람들로 특징지어진 수많은 사람들이 에드워즈의 설교가 끝나기도 전에 자신들의 죄와 위치를 깨닫고 엎드러졌다"고 했다. 또 다른 목격자 스티븐 윌리암즈(Stephen Williams)는 같은 날의 이야기를 그의 일기에 좀더 생생하게 썼다.

우리가 엔필드로 건너갔을 때 거기서 사랑하는 노스햄프턴의 에드워즈를 만났다. 그는 신명기 32장 35절을 가지고 대각성을 일으키는 설교를 했다. 설교가 시작되기도 전에 예배당이 떠나갈 듯한 탄식과 부르짖는 소리가 들렸다. '내가 구원받기 위해 무엇을 해야 하는가? 오, 나는 지옥에 떨어지는구나. 내가 그리스도를 위해 무엇을 할 수 있는가?' 설교자는 부르짖는 소리가 진동해도 말씀을 전파해야만 했다. 그래서 회중들이 잠잠해지기를 잠시 기다린 후 휠럭 씨가 기도했다. 우리가 강단에서 내려온 후에 설교를 시작하였다. 일부는 이쪽에서, 나머지는 저쪽에서, 놀랍고도 기이한 하나님의 능력이 나타났다. 몇몇 영혼들에게 그날밤 역사가 일어났다. 그들의 모습은 환희와 기쁨으로 가득 찼고 평안을 얻었다. 하나님께서 힘을 주시고 확신을 주셨다. 우리는 찬송가를 부르고 기도하고는 집회가 끝났다.

결국 1741년에는 이와 유사한 일이 흔히 있게 되었다. 같은 해 말에 웨더필드에서 일어난 실례를 들어보면, 휠럭은 한 친구에게 다음과 같이 알려주고 있다. "도시 전체가 흔들리는 것처럼 보인다. 마지막 월요일 밤에 주께서 하늘에서 굽어보사, 마을의 한 목사관에 있는 많은 무리들에게 임하셨다. 회중 전체가 두려워했다. 휘몰아치는 부르짖음과 외침은 나의 목소리로는 도저히 흉내조차 낼 수 없는 소리였다."

강력하며, 때로는 괴로와서 압도당하기까지 하는 죄에 대한 뉘우침이 그 당시에 일반적으로 나타났던 진정한 부흥에서 볼 수 있는 현상이었다. 수많은 사람들이 갑자기 죄의 본질과 위험성을 진심으로 느끼게 되었다. 뒤늦게 뉴잉글랜드로 왔던 W. G. T. 셰드(Shedd)의 말을 들어보자. "모든 위대한 신앙적 각성은 대중들의 마음에 하나님의 위엄 있으시고 무서운 모습들이 자리잡기 시작할 때에 일어나기 시작하였다." 그런 감정은 단순한 군중심리에서 오는 자극이 아니라 놀랄만큼 인격적이며 개인적인 것이었다. 또 다른 사람의 글을 보자. "영적 대각성에서 나타난 분명한 모습이 하나 있었다. 그것은 성령께서 무시무시하고 거부할 수 없이 개별적으로 나타내신 능력이 복음을 인정하고 복음으로 전신갑주를 입게 만들었다. 인간은 빛으로 나아갈 수 있게 되었으며, 하나님 앞에서 범죄하고 심판받을 존재라는 것을 인식하였다." 그는 또한 아이작 테일러(Isaac Taylor)의 글을 인용하여 표현하였다. "설교자가 설교하는 동안에 회중과 주고받던 미소를 교환하지 않고, 각자가 그 군중 속에서 동떨어져 있음을 느끼고 있었다. 심지어 설교자를 거의 잊고 있었다. 왜냐하면 불멸의 죄책감이 영원한 의가 되시는 그리스도 앞에서 사라져 버렸기 때문이다."

대각성에 있어서 설교의 본질은 자주 경고하는 것이었으며, 의도적으로 경고하는 것이었다. 세드의 말에 의하면 "설교자들은 저 세상의 진지한 대상들로부터 오는 분명하고 담대한 감동이 너무나 부족한 결과 세대마다 사람들을 멸망으로 인도한다." 그리고 진리 그 자체도 그리고 자신들도 생명으로 인도하는 두려움을 청중들에게 가져다 줄 수 없다고 믿었다. 오직 '하나님의 임재에 대한 의식'(a con-sciousness of the presence of God)만이 설교자나 청중 모두에게 실제로 놀랍게 진리를 설교하게 만든다. 만약 심판이 있다면, 마지막 심판임을 의심할 수 없을 것이다. 1739년에 행한 에드워즈의 설교에 대해 평한 한 청년의 이야기는 동시대의 다른 사람들의 증언과 일치한다. "에드워즈가 설교를 끝내자마자, 최후 심판주가 이제 임하여 마지막 구별을 집행할 것같이 확신을 갖고 선언했다."

1741년 써필드, 엔필드 그리고 다른 지역에서 체험들을 한 후에는 에드워즈는 언제든지 초청하기만 하면 달려가 설교하는 것이 자신의 임무임을 깨달았다. 그해 9월에 그는 뉴헤이븐에서 예일 대학 졸업식에 참석하였고, 연말이 되어서는 '선교 여행'을 하였다. 노스햄프턴 자체는 오히려 더 조용해졌다. 그러나 전체 지역이 그런 것은 아니었다. 에드워즈는 1721년 1월 21일에 조셉 벨러미에게 보낸 편지에 다음과 같이 썼다.

> 땅도 지옥도 그 어떤 것도 그 주에서 계속되는 하나님의 역사를 방해할 수 없습니다. 그날에 그리스도께서 영광스런 나팔을 부십니

다. 내가 아는 바로는, 지금 이 지역에서 일어난 하나님의 역사는 다른 어떤 시대에도 보지 못했던 커다란 역사입니다. 오, 우리가 기쁨에 가득 차서 그에게 영광을 돌릴 이유가 충분하지 않습니까! 그는 구원의 병거를 타고 앞으로 나가서 정복하고 있으며 계속 정복할 것입니다.

아마도 저는 길포드(Guilford)에서 개최되는 당신의 집회에 참석하기 힘들 것입니다. 최근에 저는 저의 교우들로부터 너무 많이 떨어져 있었고 소식조차 제대로 모릅니다. 그러나 저는 또 다시 다음 주에 약 2주일 정도 라이체스터(Leichester)라 불리는 보스톤으로 가는 길 중간에 위치한 도시에 가봐야 합니다. 그 곳은 은혜의 큰 역사가 최근에 시작된 곳입니다. 그리고 그 후에는 아마도 곧 다른 곳으로 가봐야 할 것 같습니다. 거기다 이번에는 집에 들러야 하는 특별한 일까지 해야 할 것입니다.

1742년 1월 25일 월요일에 에드워즈는 라이체스터로 떠났다. 2월에 그가 돌아왔는데 그는 말하기를, "나는 마을이 매우 비상한 환경 속에 있는 것을 발견했다. 그것은 어떤 관점에서는 이전에 내가 결코 보지 못했던 것이었다." 실제로 그런 일은 에드워즈가 떠난 이후로 생긴 사건들이었다. 그래서 에드워즈가 집으로 돌아가기 전에 어떤 사람들은 에드워즈가 순수한 즐거움을 잃게 되는 것이 아닌가 하여 은근히 두려워하고 있었다. 그리고 그가 떠난 이후 실제로 그런 사건이 있었다. 1월 25일 그가 떠난 후 일어난 사건에 관해서 그때 씌여진 후에 드와이트에 의해 출판된 사라 에드워즈의 개인적 기록을 우리는 찾아 볼 수 있을 것이다. 그녀의 남편이 출타한 지 이틀 후, 에드워즈의 자리는 젊은 사무엘 부엘(Samuel Buell)이 대신 지켰다. 그는 9

월에 진행된 뉴헤이븐 협회에서 설교 자격시험에 합격한 강도사(안수 받지 않은 설교자)였다. 에드워즈는 "내가 그에게 맡겼다"고 썼다. "나의 강단은 자유롭게 사용되었고 나는 집을 떠나기 전에 그의 방문 계획에 대한 소식을 들었다." 1월 27일 수요일부터 부엘은 집회소에서 거의 매일같이 설교하기 시작했다. 첫 집회부터 사람들에게 도전이 되었다. 사라 에드워즈의 글을 보면,

> 오후 세 시에 부엘 씨는 설교를 시작하였다…내 생각에 하나님께서 회중 가운데 임재하셔서 구속하시는 사랑으로 역사하는 분명한 증거가 있었다. 분명하게 나는 단번에 놀라운 하나님의 사랑과 은혜에 너무나 감격하여 충만했다. 이처럼 노스햄프턴에 다시 임하셔서 나의 영혼은 완전히 압도당했고 즉각 내 몸의 힘을 완전히 빼앗아 녹초가 되었다.

약 세 시간 동안 하나님께서 주신 엄청난 유익에 대한 감사와 기쁨으로 가득 찼고, 집회가 끝난 후에도 그녀는 다른 사람들과 함께 예배당에 남아 있었다.

1742년 초에 에드워즈가 집을 떠나서 이룬 사역에 대한 감동은 노스햄프턴과 보스톤의 사이에 위치한 웨스트보로우에서 목사 이벤니저 파크멘(Ebenezer Parkman)의 일기에 잘 나타나 있다. 아래에 나타난 바와 같이 파크멘은 라이체스터에서 에드워즈의 설교를 듣고 에드워즈가 집으로 돌아가는 시간을 연기시켜 초청하는 데 성공했다.

> 1742년 1월 28일.
> 라이체스터에서 대단히 괄목할 만한 각성이 사람들 사이에서 일

어났다. 그들은 이 날을 금식과 기도의 날로, 그들 위에 임하는 성령을 받기 위해 준비하는 날로 정했다. 그리고 그들은 나를 보내서 그런 일들을 지원하게 했다. 나는 올라갔다. 노스햄프턴의 에드워즈 목사는 거기서 로마서 9장 22절의 '진노의 그릇'이란 제목으로 각성을 일으키는 설교를 했다.

1월 29일.

에드워즈 목사는 요한복음 12장 23절을 가지고 감동적이고 유익한 설교를 했다. 하나님께서 나에게도 부어주셔서 나의 마음을 예수 그리스도께로 이끄소서! 나를 위한 십자가의 크나큰 고난과 사랑으로 이끄소서! 우리가 강단에서 내려오기 전에 에드워즈가 다음 주에 웨스트보로우에 와주시길 나는 간청했다.

1월 31일.

나는 지금 일어나는 일이 얼마나 위대한 것인지 다시금 말하지 않을 수 없다. 그 주에 이곳 저곳 사람들의 가슴에 엄청난 감동들이 있었다. 오, 나와 내 교인들이 다같이 참여하여 열렬하게 그리고 적당한 시기에 뒤집어지게 하소서. 주의 이런 자비를 우리게 내리시고, 우리가 당신께 버려둠을 당하지 않게 하소서.

2월 1일.

비가 왔다. 그래도 나는 그래프톤과 스톤으로 말을 타고 갔다. 에드워즈는 많은 회중들에게 시편 18장 25절에 대해 설교했다. 저녁에는 폭우와 강한 바람이 부는데도 나는 상당히 많이 모인 회중들에게 시편 68장 8절 말씀으로 설교했다. 스톤에서 신앙의 부흥은 매우 크게 일어났다. 그리고 그들 대부분이 자신의 영혼에 관심을 두었다.

2월 2일.

비오는 아침이었다. 에드워즈는 결심을 굳히고, 나와 함께 웨스트보로우로 왔다. 에드워즈는 많은 사람들에게 요한복음 12장 32절을 설교했다. 그리고 저녁에는 나의 집에서 창세기 19장 17절 말씀으로 설교했다. 뉴브룬스위크에서 왔던 제임스 페이(N. B. James Fay)는 요한복음 12장 32절의 말씀으로 큰 은혜를 받았다. 세뮤얼 알렌(Samuel Allen)과 에즈키얼 다지(Ezkiel Dodge)도 은혜를 받았다. 그 외에도 의심할 것없이 많은 사람이 은혜를 받았다. 위대하신 하나님께 영광이 ….

1742년은 노스햄프턴뿐 아니라 뉴잉글랜드에서 일어난 부흥운동의 마지막 해다. 에드워즈는 자신의 회중들에 대해 말하길 "1742년 여름에 신앙에 대한 사람들의 열정은 시들해졌다. 그러나 가을과 겨울까지는 이전의 특별한 역사가 계속되었다." 에드워즈는 1742년 12월 12일에 보스톤에 보낸 편지에 이렇게 쓰고 있다. "하나님께로 가까이 나아가는 자들이 마을에는 상당히 많았고, 신앙생활을 열심히 했다. 게다가 하나님의 은혜로운 임재의 증거와 열매를 많이 누렸다."

부흥운동의 퇴조기가 고려되어야 하는 문제들을 최전선으로 끌고 왔다. 우리가 앞에서 살펴보았 듯이, 대각성에 대한 기록들은 인간의 업적을 기록한 글들이 아니다. 알렉산더 V. G. 알렌의 평가는 우리를 슬프게 한다. "에드워즈가 대각성의 창안자이고 감독이며 일인자이나"라고 그는 평가했다. 그 결과들의 유사성을 설명하기 위해서 인간적 수준에서 동일한 요인들을 찾으려고 했던 사람들은 전해지는 자료를 취급하는 데 실패했을 뿐이다. 이런 사람들은 이미 알려져 있는 자료들을 올바로 평가할 수 없다. 어떤이들은 말하길 "공포심을 조장하고 공포에 대해서 설교함으로써 압도적인 효과들을 만들어 낸다"고 한다. 그러나 '공포'는 많은 사람들을 감동시킨 유일한 메시지가 아니었다. 이것은 노스햄프턴에서의 휫필드의 설교가 증명한다. 그리고 사라 에드워즈는 부흥운동에서 성령의 역사를 체험한 사람으로서 그 느낌이 공포와는 정반대의 느낌이었다고 증언한다. 그것은 부흥운동을 특징지울 수 있는 교리가 아니었다. 그 결과들은 어떤 한 집단의 사람들에게만 국한되지 않았다. 모든 연령층과 모든 부류의 남녀들이 공통적으로 자신들이 하나님 앞에 있음을 느꼈다. 불신자들도 깊은 뉘우침이 있었고, 작으나 다른 감동을 받은 그리스도인들에게도 뉘우침이 있었다. 어떤 그리스도인들은 충만한 확신으로 기뻐했다. 에드워즈는 쓰기를, "다른 그리스도인들은 마치 자신들이 제2의 회심의 대상이나 된 것처럼, 성령의 아주 주목할 만한 새로운 역사이었다"라고 했다.

그리스도인들에게 끼친 부흥의 영향력은 어떤 현대 비평가도 설명할 수 없는 것이다. 그럼에도 불구하고 여전히 사라 에드워즈가 묘사한 체험이 결코 비범한 것이 아니었음에 틀림없다. 실례로 라임의 조나단 파어슨즈는 1741년 10월 11일에 말하기를, '수많은 영혼이 진노 가운데서 떨고 있을 때'를 '우리의 오순절'이라고 했다. 그러나 동시에 다음과 같이 말했다.

보다 많은 사람들이 그들의 얼굴에…영원을 옷입기 시작했다.

그들은 사랑과 경배와 놀라움과 기쁨과 감격과 겸손의 모습이었다. 간단히 말하자면, 내가 볼 때 그것은 하늘나라의 모습과 같은 것이었다…많은 노인들은 그토록 주님의 영광이 풍성하며 은혜가 넘치는 것을 본 적이 없다고 내게 말했다. 노인들은 이전에 없었던 복음의 능력을 강하게 느꼈고, 자신들을 향한 하나님의 사랑을 그토록 민감하게 깨달았던 때가 없었다. 만일 그리스도께서 그들을 도우시는 영원한 팔 아래 두시지 않으셨다면, 많은 사람들이 하나님의 은혜 아래에 있으면서도 끊어졌을 것이다.

제 5 장

에드워즈 부인의 체험

에드워즈의 부인에게는 1742년 1월 말에 약 2주간 에드워즈가 출타한 동안에 부엘(Buell)이 노스햄프턴을 방문하여 설교했을 때 일어났던 그녀 자신의 체험들을 기록해 둔 것이 있다. 그녀가 체험한 몇 가지를 그녀 자신의 필체로 옮겨 보면 다음과 같다.

부엘의 방문은 작년 9월 이후로 영적 침체가 뚜렷하게 나타나던 노스햄프턴 지역으로 하여금 영적 침체 상태를 벗어나서 부흥의 불길을 가져오게 했다. 부엘의 설교로 심히 놀라운 부흥의 결과들을 보게 되었다. 많은 사람들이 가정에 모여서 부르짖으며 엄청난 감동을 입었다. 그리고 회중들 대부분은 하나님의 집에서 되돌아갈 줄을 몰랐다. 공중 예배 후에 여러 시간 동안 마을 전체에 밤낮으로 계속하여 큰 소동이 일어난 것 같았다. 사실상 신앙의 위대한 부흥이 일어났던 것이다. 그러나 그것은 대체로 신앙고백자들 사이에서 일어났다. 회심하는 역사가 여름이 오기 전까지 셀 수 없이 많이 일어났다. 내가 돌아왔을 때 우리 마을이 과거에 보지 못했던 새로운 분위기 가운데 있는 것을 발견했다.

레이놀즈가 기도하고 있는 동안, 로마서 8장 34절의 '누가 정죄하리요 죽으실 뿐 아니라 다시 살아나신 이는 그리스도 예수시니 그는 하나님 우편에 계신 자요 우리를 위하여 간구하시는 자시니라'는 말씀이 내게 와 마음에 곧은 못처럼 잘 박혔다. 이 말씀은 내 영혼에 큰 기쁨과 감미로움을 일으켰다. 그러나 나 혼자 있을 때는 말씀이 내 영혼에 훨씬 더 큰 능력과 감미로움을 가져다 주었다. 조금도 의심 없이 확실한 하나님의 말씀으로 여겨졌으며, 하나님께서 내게 대하여 하신 말씀으로 확신되었다. 나는 더 이상 의심하지 않았다. 이 확실성을 말로써 도저히 표현할 수 없었다. 요동치 않는 산과 언덕들도 이 확실성에 비하면 그림자일 뿐이었다. 나의 안전함, 행복 그리고 하나님의 변찮는 사랑을 영원히 누림은 하나님 자신께서 영원히 계시며 변치 않는 분이신 것처럼 영원할 것 같았다. 이와 같은 달콤한 확신에 넘쳐 그칠 줄 모르는 눈물을 하염없이 흘렸다. 하나님의 임재하심이 너무나 생생하고 눈에 선하여 도무지 아무것도 의식할 수 없었다. 내가 맛본 평화와 행복을 말로는 전혀 표현할 수 없다. 마치 땅 아래의 모든 것으로부터 벗어나 지구와 지옥을 벗어나, 들려 올라가는 것 같았다. 모든 쾌락과 고통이 있는 이 온 세상은 아무것도 아니며, 오직 나의 하나님만 나의 모든 것 되시며 나의 유일한 소유가 되신 것 같았다.

1월 28일 목요일 밤은 내 생애에 있어서 지금까지 있었던 것 중에 가장 멋진 좋은 밤이었다. 밤새 그리스도의 놀라우신 그 큰 사랑과 그분의 내게 향한 친근함과 그분을 향한 나의 친밀함을 끊임없이 뚜렷하고 생생하게 느꼈다. 그 매순간마다 느낀 바는 지금까지 내 생애 동안 누렸던 모든 외면적인 위로와 기쁨보다 더 가치 있는 것이었다. 나의 연약한 몸은 곧 회복될 것 같았으며, 저 하늘나라에서 그리스도의 얼굴을 보고 그분의 사랑을 나누는 자들만이 누릴 수 있는 기쁨으로 충만하였다. 나의 머리는 전능하신 주 하나님께서 다스리시며, 하늘과 땅이 함께 내게로 오는 것 같은 생각으로 가득 차 있었다.

나는 하나님의 엄청난 위대하심을 마음속 깊이 느꼈다. 우리가 그분 앞에서 취해야 할 겸허와 경외심에 대해서 생각해 보았다. 바로 그 순간, 누군가 들어와서 마을에서 다시 살아나고 있는 신앙에 대해서 밝은 미소를 띠고서 이야기해 주었다. 그런 신앙은 거의 볼 수 없었다. 위대하시고 거룩하신 하나님이 마음에 임재하였을 때, 가장 진지하고 겸허하게 행동하고 그분 앞에서 두려워 떪으로 즐거워해야 한다고 생각되었다. 그날밤 회개하며 부르짖고 있는 동안에, 보혜사가 임하신다! 는 말씀이 내가 분명히 의식할 수 있을 정도로 들리고, 내 영혼은 큰 기쁨으로 충만하였다. 그 순간 내 몸에서 힘이 빠져 버렸다. 그리하여 난 마루에 쓰러지게 되었다. 내 가까이 있었던 사람들 중의 몇이 나를 붙들어 주었다.

조나단 에드워즈는 자기 아내의 체험에 대해 다음과 같이 설명을 덧붙인다.

'그들은 참된 신앙에 대해 어떤 개념을 갖고 있는가? 여기에 기록되어 있는 것을 누가 부정하는가?' '지각에 뛰어나신 하나님의 평강', '말할 수 없는 영광스러운 즐거움으로 기뻐하니', '하나님은 예수 그리스도의 얼굴 속에 하나님의 영광에 대한 지식의 빛을 주시기 위해 우리의 마음에 비추신다.' '벗은 얼굴로 거울 속에서 보는 것같이 하나님의 영광을 바라보며 영광에서 영광으로 같은 형상으로 변화되며 주의 영으로 말미암아 영광을 바라본다', '어둠에서 밝은 빛 가운데로 부름 받은 우리는 마음속에 밝은 태양을 품고 있는가?' '그런 표현들은 모두 다 성경에 있는 표현들과 일치하지 않는다고 말할 수 있을까? 우리는 성경의 표현들과 일치하는 것을 또는 이런 현상들과 일치하지 않는 것에 대해 말하고 있는 것을 성경에서 찾을 수 있겠는가?'

에드워즈는 자기 아내의 체험에 대해 긍정적으로 보았고 성경에서도 그러한 일들이 있었음을 증거했다.

제 6 장

참된 부흥과 거짓된 부흥

    1740년에 시작된 대각성의 초기 동안에 성령의 사역은 대단히 순수하고 영광스러웠으며, 그 진행도 빨랐다. 그 결과 많은 사람들이 이 땅에서 그리스도의 약속된 통치가 시작된 것으로 믿었다. 드와이트는 "만약 대각성이 계속 순수한 성격을 유지하고 복음이 광범위하고 그 역사가 왕성했었더라면, 틀림없이 많은 시간이 지나지 않아서 대각성이 서부에 이르기까지 충만했을 것이다"라고 회고하며 기록했다. 그러나 잘 분별해 보지 않았더라면 성령의 사역이라고 착각할 수 있었던 방종, 광신, 무질서가 성령의 참된 역사의 불을 끄는 역할을 할 것임에 틀림 없었다. 슬프게도 이 일에 대한 책임은 대개 자칭 가장 열심 있는 부흥운동가들이라고 생각했던 사람들에게 있었다. 성경적 근거도 없는 부흥운동의 파급효과를 살리기 위해 수단과 방법을 다 동원하고 질서와 규칙의 중요성을 최소화시키고, 하나님의 사역과 사단의 사역을 구별할 필요성에 대해서는 회의적인 반응을 나타내었다.

결국 그들은 부흥에 있어서 가장 해로운 사람들이라는 것이 판명되었다.

그들은 참된 은혜와 거짓된 은혜와의 차이에 대해 시험해 보고 조사해 보는 것을 부정적으로 생각하고 비판했다. 그런 조사는 하나님의 영적 사역을 촉진시키기보다는 도리어 퇴보시키는 것이라며 건방지고 얼빠진 일에 시간을 보낸다고 비판했다. 그들은 비상시기에 하나님께서 수종들도록 하기 위해서 자기들을 더욱 특별히 강하게 소명하셨다고 주장했다. 그들이 외치는 구호는 '우리가 오직 신앙으로 활동하며 살고, 하나님의 영으로 충만하며, 믿음으로 산다면 빗나갈 위험은 없다! 우리가 하나님을 따르기만 한다면 나쁘게 될 위험은 없다! 밀어 부치자, 멈추지 말고 선한 사업을 막지 말라! 세상적인 비평과 설명에 시간을 허비하지 말라!' 등등이었다. 그런 식의 말은 안 믿는 사람들이나 할 수 있는 말이었다. 그렇게 잘못된 사람들이 광야로 깊숙이 달려가서 그 광야에서 자기들이 키운 가시와 엉겅퀴들로 말미암아 뼈저린 고통을 받게 될 때까지 계속 그렇게 했다.

참과 거짓, 외식적인 신자와 진실한 신자, 성경적인 것과 비성경적인 것을 구별하지 못하면, 마귀에게 복음의 흥왕(興旺)을 짓밟을 수 있는 유리한 고지를 내어 주게 된다고 에드워즈는 판단했다. 그는 다음과 같이 소견을 밝혔다.

그렇게 마귀에게 유리한 고지를 내어 주는 것은, 사도 시대와 속사도 시대에 있었던 유대교와 이교들이 자행했던 핍박 이상으로 기독교를 해치게 되는 요인이 될 것이다. 로마교회의 피비린내 나는 박해는 종교개혁의 진행을 중단시켰다. 종교개혁 이후에도 계속 되었어야 했을 신앙의 부흥을 쇠퇴시켰다. 약 100년 전에 뉴잉글랜드에 대한 지지를 하지 못하도록 하기 위해서 마귀는 대항했다. 그리고 내 생각에는 마귀가 그렇게 해서 초창기 뉴잉글랜드의 신앙 대부흥을 소멸시켰던 것이다.

1. 부흥을 주도한 책 세 권

그 같은 상황은 에드워즈로 하여금 가장 유명한 책 『성령의 사역의 표적들을 분별함』, 『1740년 뉴잉글랜드의 신앙부흥에 대한 소고』, 『신앙의 열정』이란 세 권의 책을 남기게 만들었다. 『성령의 사역의 표적들을 분별함』이라는 책은 1741년 9월 뉴헤이븐에서 전했던 설교이다. 그 다음 해에는 스코틀랜드에서도 재판되었다. 그 설교의 목적은 제목이 암시하는 대로 성령의 참된 사역과 거짓된 사역을 옳게 분별하는 것이며 그 결과를 가지고 신앙부흥의 순수성을 시험해 보도록 하는 것이다. 두번째 책 『1740년 뉴잉글랜드의 신앙부흥에 대한 소고』는 1742년에 발행되어 큰 관심을 불러 일으켰다. 에드워즈는 여러 문제에 대하여 주의를 기울이게 되었다. 첫째는 최근 사건들은 하나님의 영광스러운 사역이라는 가장 확실한 증거들을 제시했다. 그 사건들을 인정하고 발전시키기 위해 해야 할 필요가 있는 모든 의무들과 원리들을 제시했다. 둘째는 그 사건의 참여자들이 이치에 맞지 않은 판단을 받게 되었던 몇 가지 조목을 지적했다. 그 다음에는 몇 가지 사항에 있어서 가장 중요하고 오늘날 우리와도 밀접한 관련이 있는 부분들이다. 신앙부흥에 끼어들고 있었던 마귀를 물리치기 위해서 가장 분명한 빛 가운데서 종합적인 결론들을 따라서, 몇 가지 잘못된 실수들과 비성경적인 행위들을 열거했다. 마침내 하나님의 진정한 사역을 위해서 행해져야 하는 일들을 적극적으로 제시함으로써 결론을 맺었다.

2. 참된 부흥

이때에 새로운 것들이 많이 도입되었는데 그런 것들은 에드워즈와 그외 다른 신앙지도자들에게 심히 해로운 것이라고 판단되었던 것들이다. 그럼에도 불구하고 자칭 복음주의자들 사이에서도 널리 수용되었는데 이것은 경각심을 가져야 할 사실이며 진지한 독자에게는 중요한 사실이 아닐 수 없다. 오늘날 교회가 그런 무지함을 면하는 데 있어서 『1740년 뉴잉글랜드의 신앙부흥에 대한 소고』보다 더 나은 신학작품은 거의 없을 것이다.

『신앙의 열정』(Treatise on Religious Affections)은 1742-1743년 사이에 노스햄프턴에서 전했던 연속 설교이다. 이 설교는 베드로전서 1장 8절 "예수를 너희가 보지 못하였으나 사랑하는도다 이제도 보지 못하나 믿고 말할 수 없는 영광스러운 즐거움으로 기뻐하니 믿음의 결국 곧 영혼의 구원을 받음이라"는 본문을 중심으로 했다. 이 설교들을 후에 한 권의 책으로 정리하여 1746년 초에 발행하였다. 이 것은 곧장 영국과 스코틀랜드에서 재발행되었고, 에드워즈의 모든 작품들 중에서 가장 유명한 것으로 오랫동안 남아 있게 되었다. 이 작품은 진정한 회심에 대한 성경적 증거들을 제시해 주는데 1741년에 쓴

『성령의 사역의 표적들을 분별함』에서 진정한 부흥의 증거들을 제시했던 방식대로 제시했다. 데이븐포트와 크로스웰이 신앙 부흥을 황폐화시키는 행동을 하였기 때문에 조나단 에드워즈는 "데이븐포트가 사단과 신앙 부흥의 반대자들에게 어느 누구보다 더 유익을 주고 있다"고 확신하고 있었다. 그는 "육체에 나타나는 결과들이 반드시 하나님께서 감동을 주시는 증거인 것은 절대로 아니다. 왜냐하면 그런 결과들은 신앙과는 전혀 무관한 세상에 대한 애정에서도 종종 생겨나기 때문이다"라고 말했다. 바로 이것이 우리가 제시하고자 하는 점이다. 사람들은 축구 시합을 보다가 흥분하고 기절을 하기도 하고, 배우자의 죽음으로 정신이 나가기도 하는 것이다. 참된 신앙이 다시 일어나고 부흥하는 동안에도 거짓된 엉터리 신앙이 만연되고, 상당수의 불건전한 교수들과 신도들 대부분이 그리스도인들 가운데서 생겨난다는 것을 알아내었다. 그 후 에드워즈는 가능한 모든 방법을 다 동원해서 "참된 신앙은 어떤 증거들을 가지고 있는가?"를 밝혔다. 다음의 문장은 그의 모든 작품을 대표하는 내용이다.

  은혜받은 정도가 결코 기쁨이나 열심의 정도에 의해 판단되어져서는 안된다. 사실상 우리는 기쁨이나 열심을 보고서 누가 은혜를 받았는지 안받았는지를 전혀 결정할 수 없다. 그런데 기쁨이나 열심은 신앙적 열정의 정도가 아니라 눈으로 보여질 수 있는 열정가들이 갖고 있는 요소들이다. 어떤 이는 기뻐서 어찌할 바를 몰랐다. 세상적인 말로 표현하면, 기쁨의 황홀경에 빠져 있었으며, 자신의 몸을 가누지도 못했다. 그러나 그 이후 자신들의 행동에 있어서 기존 신자들이나 기쁨과 열정을 밖으로 드러내지 않았던 사람들보다 그리스도인의 성품을 잘 나타내지 못했다. 그러나 동시에 자신들의 몸에 늘 좋은 효과를 주는 마음의 기쁨과 감정을 가지고서도 겸손하고 온유한, 훌륭한 그리스도인들로서 변함없이 행동하는 사람들도 많이 있었다.

이 부분은 현재 1994년 말부터 한국교회들 사이에서 점차 유행되고 있는 캐나다 토론토에서 시작된 빈야드 집회에 대한 판단력과 그 근거를 제공해 주는 에드워즈의 중요 글구(句)들이다. 그 집회에 참여하면 두 가지를 특별히 경험한다고 전한다. 첫째는 뒤로 넘어가는 것과 배에서 기쁨이 터져 나온다는 것이다. 이런 두 가지는 건전치 못한 것이라고 260여 년 전에 이미 에드워즈가 밝힌 사실인데 한국 교회지도자들은 그저 지켜 보고만 있을 뿐이다.

『신앙의 열정』은 어렵고 예리하여 읽을 때에 집중력을 요하므로 그렇게 인기 있는 책이 되기는 어려울 것이다. 그럼에도 드와이트(Dwight)의 평가는 사실일 것이다.

 이 책을 읽는 사람들 중에서 정직하고 주의력 있으며 기도하는 독자는 그 판결에 복종할 것이며, 종말의 심판과 같은 판결을 받고 견디어 낸 사람은 녹아 없어지는 우주 가운데서도 상처를 입지 아니할 것이다. 그렇지 못한 사람은 우주가 멸망할 때에 틀림없이 함께 멸망할 것이다.

이 책은 모든 목회자, 부흥사, 신학교수, 기독교 지도자와 성도들뿐만 아니라, 다가오는 영원세계에 관심을 갖고 있는 사람들과 인식할 수 있는 냉철한 생각을 가진 모든 사람들의 신앙핸드북(Vade mecum)이 되어야 할 것이다. 이 책은 특히 신앙부흥기에 있는 모든 신자들에게 필수적인 것이다. 특별히 저자는 그런 기간에 사용되어지 도록 계획을 세웠다. 목회자가 그렇게 사용하면 이 책은 마치 밀로부터 겨를 까부를 때 사용하는 키와 같은 것이 될 것이다.

부흥운동은 다양했다. 그 부흥에 참여하였던 사람들에게는 다양한 체험들이 있었다. 설교자 자신들과 그들이 처해 있던 환경들은 인간적 수준에서는 아무런 공통점도 없었다. 횟필드의 보스톤과 뉴잉글랜드 방문은 앞서 잘 설명되었으며, 그 곳에서 크게 성공하였다. 길버트 테넌트는 비교적 조용히 1740년 12월에 도착하여 주로 보스톤에 있었다. 그가 도착할 때는 도시 전체가 가장 큰 폭설로 뒤덮였을 때였다. 나타나는 형태에 있어서 횟필드와 테넌트는 공통점이라고는 없었다. 보스톤의 한 목사의 생각에 횟필드는 '너무 많은 제스추어'를 취했다. 반대로 테넌트는 적절한 제스추어로 청중들의 시각을 끈다든지 그들의 귀를 솔깃하게 한다든지 하는 데는 너무나 무관심해 보였다. 횟필드와 에드워즈를 비교하면 보다 더 두드러진다. 오우라 윈슬로는 말했다. "횟필드는 감명을 주기에 충분한 웅변적 재능을 가졌고, 이것을 아주 효과적으로 잘 사용했기에 청중들이 합리적 판단력을 잃어버릴 정도였다." 만약 그것이 횟필드의 유용성에 대한 설명이라면, 노스햄프턴의 목사 에드워즈의 사역에서 있었던 동일한 영적 결과들을 어떻게 설명할 수 있을까? 에드워즈는 목소리가 작거나 보통인 설교자, 말투가 자연스런 설교자, 어떤 동작도 취하지 않는 설교자, 주의를 집중시키기 위한 어떤 방법도 사용하지 않는 설교자, 그리고 습관적 동작만을 빼고는 대단히 진지한 설교자, 하나님 앞에 있는 것처럼 바라보고 말하는 설교자였다. 그렇다고 그는 부흥운동에서 배제되었는가?

제2차 대각성 운동은 영국 국교도의 사회에서 횟필드가 수도하기 시작했으며 뒤이어 영국의 많은 비국교도들에게로 넘어 갔다. 1784년에 영국의 칼빈주의 장로교회 목사인 존 라일랜드(John Ryland)는 에드워즈가 신앙 부흥을 위한 기도를 격려하기 위해 쓴 『겸손한 시도』(*Humble Attempt*)의 사본을 받았다. 이 일을 계기로하여 존 라일랜드와 앤드류 풀러, 존 수트클리프는 영국 중부 지방에서 기도의 합주를 시작했다. 그리고 이 기도는 칼빈주의 장로교인들을 포함한 비국교도들 사이에서 1780년대부터 약 1820년대까지 지속된 부흥운동으로 이어졌다. 이 부흥운동으로 활기를 잃었던 그리스도인들이 활기를 되찾았고 현대의 선교운동이 태어났으니, 곧 윌리암 캐리가 1792년에 인도로 떠난 것이다.

 대각성운동 설교자 가운데는 공통적인 사실이 있었는데 그것은 선천적 재능을 소유한 것에 있지 않았다. 그들의 선천적 재능은 확실히 차이가 있었다. 그리고 우리는 똑같은 설명을 되풀이 한다. 토마스 프린스는 관찰하기를, "사람으로부터 얻는 자존심에 신경쓰지 않는 사람은 성령께서 기뻐하시는 사람이다"라고 했다.

 대각성의 회개는 에드워즈와 그 동료들의 마음에 대단히 실제적인 결과를 남긴 하나님의 영광스런 사역이었다. 그들은 수적인 의미에서의 '성공'에는 무관심했다. 왜냐하면 그들은 자신들이 구원의 회개를 일으킨 것이 아니며, 또 다른 사람들의 마음에 회심을 오류없이 심어주지 못하며 구원얻는 회심을 하도록 만들지도 못한다는 것을 잘 알고 있었기 때문이다.

제 7 장

노스햄프턴의 분쟁과 사직

1. 노스햄프턴의 분쟁(1744)

에드워즈가 노스햄프턴에서 사역하였던 마지막 몇 년 동안 어두운 그늘을 던지고 결국은 면직 당함으로써 막을 내려야 했던 기묘한 슬픈 섭리들을 우리는 살펴볼 필요가 있다. 드와이트(Dwight)는 이렇게 평가했다.

에드워즈는 뉴잉글랜드에 있는 목사들 중에서 책임 맡고 있는 교인들로부터 배척당하고 버림받을 그런 목사가 아니었다. 그분과 부인의 한결 같은 친절은 교인들로부터 사랑을 받게 하였다. 그 두 분의 모범적인 경건은 교인들로부터 신뢰를 얻게 하였다. 주일의 아주 뛰어난 진리의 전달은 교인들의 정신과 양심을 일깨워 주었다. 그의 작품들은 유럽과 아메리카에서, 식민지에서나 모국에서나 타의 추종을 불허할 만큼 뛰어난 실력 때문에 명성을 얻게 되었다.

그의 수고로 말미암아 엄청난 축복을 받게 되었다. 그의 사역으로 말미암아 많은 사람들이 세계에서 가장 큰 교회들 중의 하나인 그 교회로 모여들게 되었다. 많은 지혜로운 사람들이 자기들의 회심이 에드워즈가 사역하고 수고한 덕택이라고 여겼다. 많은 교인들이 경건의 실제적인 열매들을 맺게 된 것은 에드워즈가 수고한 덕택이라고 생각했다.

그러나 에드워즈가 지적한 대로 모든 일마다 불안과 불신을 조성하는 사건들이 계속되었다. 교우들과 함께 17년 간 평화로운 유대를 맺고 목회한 후인 1744년에 처음으로 변화의 조짐이 나타났다. 그 해에 에드워즈는 그 교회의 청년들 가운데서 발생한 간통사건에 대해 전해 듣고 그 진상을 조사하기 위해서 위원회를 구성하는 데에 필요한 교회의 동의를 받아 낼 수 있었다. 그러나 그 교회의 지도급 교인들 몇몇은 자기의 자녀들이 그 조사에 포함되어 있다는 것을 알고서 즉각 그 조사에 반대하였다. 이런 불화는 특히 청년들에 대한 에드워즈의 권위와 영향력을 약화시켰고 지켜야 할 신앙의 기초를 버리게 만들었다. 회심하는 사례들이 계속 있긴 하였으나, 그 사건 이후로는 눈에 띄일 만큼의 성공은 거의 없었다. 성령의 임하심이 현격히 줄어들었으며, 어리석음과 세속적 사고방식이 교회 가운데 급격히 만연되었다.

2. 해고(1750)를 당하게 만든 교회 정회원 자격에 대한 논쟁

그 다음 일어난 사건은 몇 가지 역사적인 설명을 요하는 보다 심각한 본질과 기원을 갖고 있는 것이었다. 지난 세기 동안 뉴잉글랜드에

제7장 노스햄프턴의 분쟁과 사직

개신교회를 창설하였던 청교도 회중들은 주장하기를, "교인들은 '보이는 성자들'(Visible saints)이 되어야 한다"고 하는 데 아무런 이의가 없었다. 또 거듭남(Regeneration)의 증거들을 갖고 있지 않은 사람들은 성찬식에 참여할 수 없다는 주장에 대해서도 만장일치였다. 이러한 견해들은 유형교회(Visible church)의 순수성을 보호하기 위한 교인들의 관심으로 말미암은 자연스런 결과였다. 교인들의 입교를 대충 대충 느슨하게 허락하는 것은 큰 죄악을 허용하는 앞잡이로 간주되었다. 에드워즈의 선임자 스토다드(Stoddard) 목사(에드워즈의 외할아버지)는 1704년 경에 성찬식 참여에 필요한 자격에 관한 입장과 시행방법을 바꾸었다. 그리고 주의 만찬(The Lord's Supper)은 회심케 하는 의식으로 간주되어야 한다고 강하게 주장하였다. 그리하여 수치스러운 생활을 멀리한 사람들은 다 참여하도록 권하였다. 그때 스토다드의 입장에 대해서 자기 교회 회중 몇몇과 뉴잉글랜드의 많은 교회들이 반대했음에도 불구하고, 그러한 새로운 견해가 널리 이해되어지고 수용되어졌다.

에드워즈가 노스햄프턴에 왔을 때, 아무나 자유로이 참여할 수 있는 성찬식이 오랫동안 계속 시행되어 오고 있었다. 이에 반대하는 견해에 대한 분명한 지식이 짧고, 에드워즈의 외할아버지에 대한 존경심 때문에, 에드워즈는 마지못해 습관적으로 망설이면서 시행했다. 그러나 마침내 의심은 더욱 일어나 성경과 그 주제에 관련된 책들을 통해 공부한 후, 자기 외할아버지의 견해가 잘못된 것이니 선한 양심으로 그렇게 성찬을 시행할 수 없다고 결심하게 되었.

1749년 봄에 이 문제에 대한 에드워즈의 견해가 널리 알려졌다. 그 견해는 노스햄프턴 회중들로부터 거의 예상치 못했던 반대와 소란을 일으켰다. 반대가 두 파에서 일어났다. 첫째 파는 스토다드와 그를 지지하는 신자들이었다. 그들은 스토다드의 대단한 기억력에 대한 존경심 때문에 어떻든 간에 의심하지 않았다. 에드워즈에 대해서는 오해하고 있었다. 두번째 파는 영적 상태가 몹시 의심스러운 사람들이었다. 자신이 중생한 증거를 갖추어야 한다는 것에 대해서 대단히 불쾌하게 생각하는 사람들이었다. 이 두번째 파에는 에드워즈의 설교에 앙심을 품고 있었던 작은 파도 포함되어 있었다. 그 당은 에드워즈를 면직시킬 기회를 노리고 있었다. 1734년 겨울이 오기 훨씬 전부터, 에드워즈는 자기와 가까이 지내던 영향력 있고 부유한 가족의 적개심 때문에 고통당하고 있었다. 그 때에 그 가족은 알미니안주의(Arminianism)에 대항해 논쟁하는 데 관여하는 것을 그만 둘 것을 요구했었다. 특히 그 논쟁과 관련된 의견을 책으로 발행하는 것을 반대했다. 에드워즈가 그 요청을 들어 주지 않고 거부한 것이 그 가족에게는 용서할 수 없는 모욕이었다. 이제는 그 가족이 반대입장에 있는 최고의 실력을 갖춘 대변인을 에드워즈에게 보내었다. 에드워즈는 그 대변인에 대해서 말하기를, "교양과 실력 있는 젊은 신사요, 27-28세 가량 된 유창한 웅변가요, 내 할아버지 스토다드의 손자요, 내 이모의 아들이다. 그러나 신앙에 있어선 느슨한 원칙을 가지고 있는 자요, 중요한 문제에 있어서는 알미니안주의에 빠진 자이다. 알미니안주의에 대해 너무 개방적이고 대담하다."

만약 순진한 신자들로 구성되었던 첫번째 파가 자기네들의 목사에 대한 충성이 흔들리지 않았고, 에드워즈가 본 대로 그 충성이 성찬에 관련된 문제일 뿐 아니라, 자신들과 관련된 은혜에 관한 실제적인 교리들이었다는 것을 파악했더라면, 그 결과 두번째 파가 에드워즈를 완전히 해고시키는 정도로 반대하는 일을 저지르지는 않았을 것이다. 그들은 전부터 있었던 의견의 차이를 악용하고, 그것을 드러내어 수단으로 사용하고 편견을 갖도록 자극하였다. 보통 상황에서는 거의 불가능한 일들을 벌였다. 성찬 참여 허락에 대해서 에드워즈의 신념이 옳은지 그른지를 검증하지 않고, 거침없이 마구잡이로 말하는 소수 파에게 끌려 가도록 내버려 두는 노스햄프턴 교인들의 자세는 결코 옳다고 인정될 수 없을 것이다. 변덕스러운 갈라디아 교인들의 행동이 재연되었다! 사도 바울에게 직접 가르침을 받았다 할지라도, 조나단 에드워즈에게 직접 지도를 받았다 할지라도, 누구든지 실수할 수 있다. 가장 완전한 신자들이라 할지라도 갖고 있을 수 있는 연약함이 아니겠는가! "이러므로 서 있다고 생각하는 사람은 넘어질까 조심하라!"

에드워즈는 회중들을 고요한 정신과 바른 지식 가운데로 이끌려고 애썼으나 그 모든 수고가 헛되었다. 결국은 이웃의 교회들이 회의를 소집하고서 노스햄프턴 회중의 요청에 동의하고 목사를 사직시키기로 결정했다. 그는 1750년 신임투표 결과 230 대 23의 압도적인 표결로 교회를 사임하게 되었다.

1750년 7월 1일 에드워즈는 자기의 경력에 항상 따라 다닐, 고별 설교를 노스햄프턴 회중에게 남겼다. 이 설교는 정확히 "현재 기록된 고별설교 중 최고"로 평가되었다. 드와이트는 더붙였다.

만약 그 설교문이 자기자신과 관계 없는 다른 사람들에 관해서만 기록되었다면 작은 감동도 자극도 줄 수 없었을 것이다. 보다 고요하고 뛰어난 영을 불어 넣어 줄 수도 없었을 것이다. 엎친 데 덮친 피해를 당하고서도 분노를 표시하지 않고, 대신 구구절절이 온유와 관용과 용서와 사랑을 가지고 설교하였음을 역력히 볼 수 있다. 동시에 최후심판의 장면들과 그 장엄함과 엄숙함을 보여 준다. 사실상 에드워즈와 같이 비범한 능력을 가지고 독보적인 많은 명성을 누린 사람들이 거의 없을 것이다. 교회와 회중에게 실제적으로 사용될 수 있고, 또 잘 적용될 수 있는 작품은 드물다.

그리하여 거의 24년 간의 에드워즈와 그의 양무리 사이에 있었던 긴 관계는 끝이 나게 되었다.

이렇듯 애석한 사건에 대해서는 스코틀랜드에 있는 친구 목사에게 보낸 편지들을 통해서 알 수 있을 것이다. 다음은 그 편지들에서 발췌한 내용들이다.

사랑하는 친구여, 나랑 노스햄프턴의 사람들 사이에서 일어난 일 때문에, 네가 충격받고 놀랐다고 했지? 그건 아무것도 아니야. 가까이 살고 있으면서, 그 사건의 배경과 그 사건 앞서서 진행되고 꾸며진 여러 가지 일들을 잘 알 수 있는 가장 유리하고 공정하고 주의 깊은 사람들에게 있어서 그 충격은 말할 수 없을 정도야. 그러나 멀리 있어 낯선 사람들에게는 그 충격이 크다해도 대단한 것이 못돼. 난 의심치 않아, 하나님은 이 사건을 통해서 결국 자신의 영광을, 시온의 안녕과 번영을, 신앙에 대한 관심의 발전을 이루도록 하기 위해서 계획하신 것이라는 것을 믿는다.

하나님께서는 나의 선임자들보다 더 나를 겸손케 만드셔야 할 이유를 알고 계셨다.

그 다음에 에드워즈는 자기 회중의 행위들에 대한 설명을 계속한다.

그 사람들이 처음에는 지도를 잘 받았다. 오랫동안 대단한 지식을 가진 사람들이라고 일컬음을 받아왔다. 물론 상당한 실력이 있는 사람도 그들 가운데 많이 있었다. 그들은 예전보다 더욱 귀하게 성장하였으며 부유한 사람들이 되었다. 그리고 은사와 은혜에 뛰어난 사람들인 만큼 세상에서도 널리 유명한 사람들이 되었다. 그리고 하나님께서 그들 가운데 비상한 방법으로 역사하셨으나 그러한 일들은 도리어 영적 자만심을 낳고 자극시키는 동기가 되었다. 영적 자만심은 사람들의 마음속으로 마귀가 들어갈 수 있는 대형 통로가 되었다. 자기 신앙을 고백할 줄 아는 사람들에게 있어서는 모든 각종 해로운 해독의 주입구가 되었다. 영적 자만심은 가장 괴상한 것이다. 만약 처음부터 영적 자만심을 살피고 완강하게 뿌리치지 않는다면, 순식간에 자신들을 자신의 영적인 조상들과 스승들보다 위에 올려 놓고 그들을 무시하며 그분들이 물려 준 규칙과 교훈을 멸시하게 될 것이다. 나는 이런 일들을 수없이 보아왔다. 또 이런 폐단도 있었다. 『영적 대각성 보고서』를 작성하면서 발견한 것 한 가지는, 보통 사람들의 마음속에는 그리고 선하다고 하는 사람들의 마음속에조차 부패한 것이 많다는 것이었다. 영적 자만심의 원인을 제공하는 일은 크게 위험한 일이었다. 노스햄프턴 사람들은 자기들의 명예와 학식을 의지함으로써 하나님을 심히 화나게 만들었다. 결과적으로 그 소식을 듣게 된 원근각처의 모든 하나님의 백성들에게 경고가 되었다.

3. 반대자들이 당한 슬픔과 뉘우침

우리에게 불행을 가져다 준 또 하나의 사건이 있다. 그 사람들은 신앙에 대한 잘못된 개념과 방법들을 설정하고 '특별한 것이다' 라고 하면서 잘못된 것들과 혼돈하면서 내버리지 못했다. 그들은 너무 많은 방법들을 가지고 있어서 자기네들의 바람을 거의 나타내거나 강조할 수 없었다. 그들은 마음에 회개와 회심을 주시는 성령의 특별한 사역의 모습과 방법을 희망하였다. 더 좋은 신앙 상태에 있다는 것을 증명하는 데 방해가 되지 않도록 하기 위해 필요한 자신들의 마음속에 있는 변치 않는 기질과 감정, 그리고 자기들이 드리는 예배와 은혜받는 과정을 거의 살펴보려고도 하지 않았다. 그들은 배우려 하지 않았으며, 그들 중 대부분의 사람들은 감정에서 비롯된 감동들과 살아 있는 영적 체험을 구별하는 것을 배울 수도 없었다. 내가 그들에게 갔을 때, 자신들의 체험들을 분별력 없이 간증하고, 책으로 발행하는 관습들이 만연해 있었다. 그리고 바른 자세를 갖추지 않고, 경솔하고, 무례했다. 이런 관습들이 적지 않게 영적 자만심과 그들의 여러 가지 죄악들을 조장했다.

난 당장 너의 비평을 바란다. 나는 그런 모든 수치스런 일들을 조장하는 것과는 거리가 멀었을 것이라고 생각해. 이런 경우에 내가 하나님 앞에서 반성하고 내 자신을 낮추어야 할 이유가 없는가에 대해서 말이야. 나는 느끼고 있다. 그 사건은 내게 대한 하늘의 무서운 책망뿐 아니라 그 사람들에 대한 책망이라는 것을 깨닫게 해 주셨단다. 하나님은 아신다. 내 마음의 죄악을 그리고 노스햄프턴에서 목회사역하는 과정 속에서 내가 저질렀던 부족과 실수들을….

노스햄프턴에서 그런 과정에까지 빠져들어 갔던 것 한 가지는 내 판단과 경험의 부족 그리고 내 연소함이었다. 약 16년 전 대각성의 시기에 그랬다. 그 시기에 교인들 가운데서 판단과 분별의 거장이 되지 못했었다. 어떤 면에 있어서는 의심할 것없이 내 자신에 대한 지나친 확신이 내게 큰 피해가 되었다. 그러나 그 반대로는 내 자신에 대한 불확신이 피해를 주었다. 그렇게 되어 감히 내 자신의 판단에 따라 행할 수 없었다. 기존의 주장과 설정된 관습들을 반대할 수 있는 힘이 없었다. 신앙의 명백히 잘못된 모습들과 거짓들을 담대히 반증할 수 없었다. 때는 이미 너무 늦었었다. 이렇게 해서 다른 사람들도 영적 자만심의 무서운 원인 그리고 참된 기독교에 극히 상반되는 것들이 무엇인지를 입증해 준 많은 근거들을 확보할 수 있었다. 만약 내가 더 많은 경험을 가졌더라면, 그리고 더 성숙한 판단력과 용기가 있었더라면, 보다 나은 방법으로 사람들을 지도할 수 있었을 것이다. 사람의 책략으로부터 보다 잘 보호하며, 많은 영혼들의 영적 재앙을 막고, 몇 사람은 영원한 멸망으로부터 건질 수도 있었을 것이다. 그리고 그 도시의 평온 상태가 오래 가도록 하기 위해 계획했던 일들을 행할 수 있었을 것이다.

    하지만 그 때에 틀림없이 노스햄프턴에 행하셨던 하나님의 대단히 영광스러운 사역이 있었다. 그리고 구원에 이를 수 있는 회심을 하는 사람들이 수없이 많이 있었다. 다른 한편으로는 분명히 많은 사람들이 속았으며 또 다른 사람들을 속였다. 진정한 회심자의 수는 그때 생각했던 것처럼 큰 숫자는 아니었다. 최근 발생한 사건들만을 살펴본다면, 노스햄프턴의 모든 신앙은 아무것도 아니며, 그 지역에서 소문났던 대각성과 신앙부흥은 단지 우울하고 환상적인, 일시적인 감정의 일종이었다고 많은 사람들이 쉽게 결정내릴 수도 있을 것이다. 그러나 대각성의 참된 본질을 정확히 이해한다면 그런 결론을 내리지는 않을 것인데…아주 침착하고 공정한 마음으로 판단을 내릴 수 있을 것이다.

에드워즈는 그의 고별설교에서 말한다. "회중 가운데 많은 사람들이 크게 감동을 받은 것 같습니다. 그리고 몇 사람은 심히 애통해 했습니다. 내가 믿기로는 나를 해고시키는 투표를 하고서 마음에 거리낌을 가지고 있는 사람은 거의 아무도 없는 것 같았습니다." 후에 에드워즈의 강력한 반대자들이 자기들에게 많은 은덕을 베푼 분에게 행한 것이 잘못된 일이라는 것을 인정하였다. 그 때는 돌이키기에 이미 너무 늦었다. 위에서 언급한 바와 같이, 에드워즈를 반대하는 일에 주도적인 역할을 했던 한 사람은 다음과 같은 고백을 1760년에 한 보스톤 주간신문에 기고하여 실었다.

에드워즈 목사님과 가장 슬픈 싸움을 하는 과정을 지켜 보았습니다. 나는 대단한 자만심과 교만과 허영심에 물들어 있었던 사람입니다. 나는 아무리 보아도 악독한 사람인 것 같습니다. 그리고 스스로 자기는 더 공정한 사람이라고 여기는 사람들에게는 사악한 것이 더 많이 있는 것 같습니다. 나는 쓰라린 아픔을 느끼고 있습니다. 우리의 복되신 주님을 배반하고 죽인 사람들조차 구원해 주시고, 주님의 순교자를 죽인 사람들을 구원해 주셨던 오직 그 무한하신 은혜와 은총만이 나를 용서해 주실 수 있을 것입니다. 나는 사죄받고 싶습니다…나를 설득하셨던 분들께서 죄악과 책임감들을 통감하고 있는 저를 보시고서 기뻐하실 것입니다. 그리고 과거에도 제 자신이 가장 무서운 죄책감과 두려움을 품고 있으면서도, 아직까지 오랫동안 합당치 못한 일들을 자행해 왔다는 것을 깨닫게 되었습니다.

제 8 장

스탁브리지 교회 목회와 선교사역

1. 해임당하여 겪은 어려움

에드워즈의 노스햄프턴의 목회사역의 종료는 그의 마음에 큰 비애를 안겨 주었을 뿐만 아니라 가정에 심각한 물질적 시련을 가져다 주었다. 개인적인 수입이 거의 없어서 대가족의 부양을 위해서 사례금에 의존했었다. 이제는 그런 수입의 근원도 없어졌을 뿐만 아니라 사역을 종결하게 되었던 배경이 되었던 것이다. 그래서 그의 반대자들은 에드워즈의 윤리, 도덕을 널리 일시적으로 오해하도록 하는 작전을 펴는 데 성공했었다. 그 결과 에드워즈는 다른 교회로부터 청빙을 받을 수 없을 것 같았다. 에드워즈의 옛 회중 가운데 있었던 신실한 친구들의 모임과 상당한 기부금을 보내어 준 스코틀랜드의 친구들이 없었더라면, 에드워즈 가족은 틀림없이 심각한 재정적 위기에 빠질 뻔하였다. 그내의 사정으로는 당분간 지독히리 만큼 절약하는 방법

외에는 다른 대책이 없었다. 그 당시 자기 자신의 필요 때문에 썼던 많은 글들이 팜플렛이나 잡지에, 작은 소식지의 표지에 실렸다. 그리고 에드워즈의 딸들은 여가 시간을 이용해서 자수, 레이스 제작, 그리고 다른 부업을 하였다.

그 시점에 스코틀랜드 교회에 소속된 친구들로부터 와서 협력해 달라는 제안을 받았다. 그러나 '웨스트민스터 신앙고백'(Westminster Confession of Faith)을 인정한다고는 했지만 46세의 나이에 대서양을 건너가서 무슨 활동을 할 기회가 있을 것인지도 모르는 상태라 낯선 땅으로 가는 것을 정중히 사절했다.

2. 스탁브리지의 청빙 수락

1750년 12월 초에 인디언들이 사는 곳인 스탁브리지(Stockbridge)에 있는 한 교회로부터 청빙을 받았다. 동시에 보스톤에 있는 한 선교사 협회의 최고 책임자로부터 스탁브리지 지역 내에 있는 인디언들 가운데서 선교 활동을 개시해 달라는 요청도 받았다. 두 가지 제안들을 결정하기 전에 에드워즈는 1751년 1월 초에 스탁브리지로 가서 초봄까지 계속 머물러 있었다.

영국인 주민들과 통역자의 도움으로 인디언들에게 설교할 수 있었다. 방문 결과 청빙을 수락하고 그해 8월 초에 가족들과 함께 노스햄프턴을 떠나갔다.

3. 인디언을 위한 선교사역

스탁브리지는 뉴잉글랜드의 서부 경계선에, 뉴욕 지방 근방에, 그리고 노스햄프턴으로부터 거의 40마일 정도 떨어진 곳에 있는 외딴 개척 촌이었다. 1735년 이후 한 인디언 선교부가 그 곳에 있었고 두 개의 학교가 인디언 자녀들을 위해 설립되어 있었다. 그 이후 6년 간 매주의 활동은 백인 회중에게 매주 두 차례의 설교를 하며, 통역자의 도움으로 한번은 후사토누크((Housatonnuck)족에게, 또 한번은 모호크(Mohawk)족에게 설교했다.

그 외에도 백인과 인디언 자녀들의 교리문답 교육과 두 학교의 총 감독 책임을 맡았다. 이같이 상황이 암담한 불쌍한 영혼들을 위해서 선한 일을 할 수 있는 기회가 에드워즈의 마음에 기쁨을 가져다 주었다. 그러나 두 가지 장애물이 그 곳에서의 사역을 방해하였다.

먼저 에드워즈는 인디언들을 착취하여 돈을 벌었던 상인 일당들의 탐욕과 계교로 말미암아 반대를 받게 된 것이다. 그 상인들은 인디언 자녀들을 위해서 스탁브리지로 보내었던 기금을 착복하였다. 럼주(rum)와 화주(spirits)를 판매하여 인디언들의 도덕심 앙양을 크게 저해하였다.

결국 에드워즈는 그 파렴치한 사람들을 완전히 굴복시켜 전 백인들의 지지를 받았다. 그런 사람들의 행위 때문에 인디언들이 소외를 당하여 많은 수의 인디언들이 다른 지역으로 이주해 가버리게 되어서 돌이킬 수 없는 해를 끼쳤다. 두번째 주요한 장애는 1754년 영국과 캐나다의 전쟁이 캐나다에서 발발하여 인디언들을 위한 효과적인 사역에 방해가 되었다. 그 사건 때문에 스탁브리지에 있었던 그 많은 인디언들이 다른 지역으로 이주해 가게 되었다.

   그럼에도 불구하고 인디언 가운데 '적지 않은 각성'이 있었다고 우리에게 전해진다. 그리고 그의 설교는 백인들 사이에서도 큰 감명을 주었던 것이 분명하다.

제 9 장

중요 작품과 신학사상

1. 저술 사역의 목적

에드워즈는 또 다른 분야에 있어서 더 위대한 작업을 스탁브리지에서 수행할 수 있었다. 에드워즈 자신의 세대뿐만 아니라 아직 태어나지 않은 많은 다음 세대에 이르기까지도 가장 심오한 감동을 남기고영향을 끼칠 수 있는 작업이었다. 외딴 마을에서 조용하고 한적한 시간을 갖기 위해서 주수도(Shire-town)에 있는 한 대교회의 과중한 업무를 그만두었다. 그리하여 에드워즈는 자신의 마지막 생애 몇 년을 뛰어난 지성과 폭 넓은 성경 이해력을 바탕으로 하여 자기의 가장 우수한 신학 작품들을 저술하는 데 바칠 수 있었다. 스탁브리지에서의 6년은 가장 주목할 만한 문학 활동기였다. 전기 작가들은 다음과 같이 평가했다.

노스햄프턴에서 에드워즈가 해직당한 사건은 하나님의 교회에 없어서는 안될 축복이 되었다는 것을 궁극적인 결과로 보아 알 수 있다. 아마도 지금까지 그 노스햄프턴 사건처럼 뉴잉글랜드의 모든 교회들을 개혁하도록 촉구하였던 것은 없었을 것이다.

에드워즈가 그 곳에서 사역하는 동안 가장 위대한 걸작들에 속하는 몇 권의 책을 저술하였다. 존 번연(John Bunyan)이 12년 동안 베드포드(Bedford)의 감옥에 갇혀 있음으로써 명작을 쓸 수 있었던 것 같이 그도 이처럼 고독하게 됨으로써 명저를 남기게 되었던 것이다.

그런 저술 작업의 결과로 나온 두 권의 훌륭한 책들은, 알미니안주의 신학에 대한 공격이었다. 1754년에 『자유의지의 주요한 개념들에 대한 조심스럽고 면밀한 연구』(A Careful and strict Inquiry into the Prevailing Notions of the Freedom of will)가 발행되었다. 그리고 1758년에는 『원죄 교리』(The Great Christian Doctrine of Original Sin Defended)가 발행되었다. 영적으로 성숙하였던 에드워즈가 왜 그렇게도 많은 시간을 신학논쟁에 바쳐야 했는지를 이해할 수 있다면, 여러 독자들은 놀라서 그를 혹평할 수도 있을 것이다. 그리고 에드워즈의 진리관을 지지하는 사람들은 에드워즈가 지적한 신학적 오류들의 심각성을 부당한 것으로 여기지 않으며, 자신을 드려서 헌신한 사역의 중요성을 의심하지 않을 것이다. 초기의 전기 작가들은 에드워즈를 다음과 같이 평가했다.

> 그는 철저한 칼빈주의자였다. 당시 가장 심한 반대와 공격을 받았던 칼빈주의 교리들은 성경적이며, 합리적이며, 그리고 중요한 것으로 그에게 생각되었다. 칼빈주의 교리들을 포기하는 것은 모든 것을 포기하는 결과가 된다고 생각했다. 자칭 칼빈주의자들은 진리를 약화시키려 했으며, 칼빈주의 교리에 가장 반대하는 성향을 가

진 자들의 기호를 맞추어 주려고 했다. 실제로 그들은 칼빈주의를 신봉하는 참된 이유를 저버리고 있었다. 그들은 한결같이 도리어 알미니안주의와 이신론(Deism)을 조장하고 있었다. 그 같은 교리들이 중단되었더라면, 에드워즈는 모순된 이신론과 무신론(Atheism)에 대해 단호한 태도를 취해야 할 부분들을 연구하지 않았을 것이다.

2. 알미니안주의에 대한 입장

1750년 7월 5일에 스코틀랜드에 있는 서신교환자에게 보내는 편지에서, 알미니안주의자들에 대한 입장을 이렇게 밝혔다.

> 많은 알미니안주의자들의 오류들은 거짓된 신앙, 가짜 회심, 그들의 마음의 영이 온전히 새롭게 되지 못한 부족에서 기인한 것이다. 내가 그들에게 말하는 것은 그들 모두를 도매금으로 정죄하려는 것이 아니다. 나도 정죄하는 것을 무척 싫어하는 사람이다. 내 설교와 책에서 정죄하는 일을 무척 반대했다. 그럼에도 불구하고 나는 우리의 그 위선되고 유익하지 못한 관용을 버려야 한다고 생각한다. 그런 관용 때문에 사단은 사람들을 잠들게 만들며, 올무와 교활한 활동을 발견하지 못하게 한다. 그런 것들을 알고 분별하는 것은 하나님의 교회의 가장 중요한 일 중의 하나이다. 사단의 활동을 찾아 내지 않았기 때문에 마귀는 신앙에 대한 관심을 최대한 억누를 수 있었다.

일찍이 1734년 경부터 알미니안수의가 잠입해 들어오는 것을 유심히 살펴왔다. 그 이후 수년 간 에드워즈는 이 잘못된 가르침이 여러 지역에 만연되어 있는 것을 발견하고, 알미니안주의자들을 논박하기 위해 글을 쓰기로 작정하였다.

1744년 아주 감정주의적인 알미니안주의자들로 구성된 이사회에 의해서 임명받은 예일 대학의 학장이었던 클렙(Clap) 박사는 휫필드(whitefield)를 완강히 반대했었다. 수년 후 에드워즈는 다음과 같은 기록을 남긴 것을 볼 수 있다.

> 가끔 받아 본 보고서들은 거저주시는 하나님의 은혜의 교리들을 파괴하는 알미니안주의, 알미니안주의자, 소시니안주의(Socinianism)를 경계해야 할 충분한 이유를 제시해 주었다. 그리고 이 보고서들은 뉴잉글랜드의 대학들에 보급되었다. 우리의 훌륭한 선조들이 신학교를 세울 때에 기초로 하였던 고귀한 경건의 원리들을 뿌리뽑고 있는 악독한 주장들은 지독한 것이로구나! 자기의 영광을 빼앗기지 않으려고 질투하시는 하나님께서 보시기에 얼마나 불쾌한 것일까!

그러나 단지 에드워즈 혼자만 그런 관심을 갖고 있었던 것은 아니다. 보스톤에 있는 목회자 협의회는 다음과 같이 결정했다.

> 우리는 어떻게든지 우리 자신들이 거룩한 신앙의 생명이 되는 복음의 위대한 교리들 속에서 건전하고 명확한가에 대해 유의하지 않으면 안된다(여기서는 웨스트민스터 신앙고백서 및 대소요리문답서에 나타나 있는 교리들을 말한다). 그러므로 우리는 이와 같은 교리들을 변증하는 데 담대하고 공정하게 참여하였다. 동시에 우리는 많

은 사람들이 특히 한편으로는 알미니안주의자들과 신유명론자(Neonomian)들 그리고 또 다른 한편으로 반유명론자(Antinomian)들과 열광주의자들이 가져온 위험한 오류들을 조심하고 주의해야만 한다.

그런데도 불구하고 아직 진리에 대한 변증서가 나타나지 않았다. 1748년 스코틀랜드의 존 에어스킨(John Erskine) 목사에게 보낸 편지에서 이미 1년 전에 처음으로 그 목사에게 『알미니안주의 대논박서』를 집필하고자 하는 의사를 표명했었다.

> 나는 우리나라에서 진리에 대해 쓰여진 많은 소중한 자료들을 보았습니다. 그러나 그것들은 단지 현재 우리의 입장에서 알미니안주의자들의 오류를 반박하는 것뿐입니다. 칼빈주의를 변증하는 신간서적을 내게 알려주면 고맙겠습니다.

1749-1750년 노스햄프턴에서의 고충들 때문에 에드워즈는 자기의 소망을 실현할 수 없었다. 그러나 자기의 마음에 그 문제들이 얼마나 깊이 남아 있었는지를 노스햄프턴 회중에게 행한 고별 설교 중에서 찾아 볼 수 있을 것이다.

> 이 마을의 장래 번영을 생각한다면, 잠식해 들어오고 있는 오류들을 경계해야 할 것입니다. 특별히 알미니안주의와 이와 유사한 교리들을 조심하시기 바랍니다. 저는 여러분들에게 분명히 경고하였습니다. 이미 16년 전에 그런 타락한 교리들을 주의시켰습니다. 그러나 그 때에는 위험성이 지금과 비교해 보면 더 작았습니다. 오늘날 그 교리들은 과거보다 훨씬 더 널리 유행하고 있습니다. 지난

7년 동안 대륙에서 이루어진 그 교리들의 파급속도는 이전의 우주 공간에서 어떤 시기에 이루어진 것보다 훨씬 더 빠른 것 같습니다. 그리고 지금도 대학의 거의 모든 지역으로 점점 퍼져가고 있습니다. 유난히도 영광스러운 복음이 되는 교리들에 대한 신뢰감을 소멸시키며 또 힘있는 경건의 유익을 위협하고 있습니다. 잘못된 교리는 엄청나게 타락된 성질을 갖고 있어서 젊은이들, 최소한 자기의 마음이 은혜로 채워져 있지 않은 사람들은 쉽게 넘어가 버립니다. 그리고 만약 그런 가르침들이 다른 마을에서 최근 크게 유행하였던 것과 같이, 과거에 오랫동안 기독교 신앙으로 유명했던 우리 마을에서도 오랫동안 만연된다면, 이 마을의 현재와 미래의 세대들이 영적으로 완전히, 영원히 파멸될 위험을 받게 될 것입니다.

3. 자유의지에 대한 연구

『자유의지의 주요한 개념들에 대한 조심스럽고 면밀한 연구』에서는 인간의 책임에 대한 성경적 교리가 확실하며, 동시에 인간이 스스로 자기의 의지를 결정할 수 있다는 인간의 능력에 대한 알미니안주의적인 교리가 잘못되었다는 것을 논증하려는 것이 그의 목적이었다. 정통주의자들이 믿는 대로, 인간이 하나님께 회개하고 돌아갈 수 있는 능력이 없다면, 어떻게 인간이 죄 가운데 빠져 있는 것에 대한 책임을 인간에게 물을 수 있겠는가? 알미니안주의자들이 주장하는 대로, 인간의 무능력이 사실이라면 더 이상 자유 행위자가 아니라 강제적으로 행동하는 자가 된다. 에드워즈가 대답한 대로 인간은 모든 선천적인 능력들 곧 지성, 의지 등등을 소유하고 있다는 점에서 자유하다. 그것은 바로 책임성을 의미한다. 영적인 선을 행함에 대한 인간의 전적 무능력은 육체적인 능력의 부족함 때문에 야기되는 것이 아니라 선천적으로 완전히 잘못된 도덕적 성향 때문에 그렇다. 그런 식의 인간 본질의 전적 타락에도 불구하고 여전히 책임 있는 자유 행위자라는 것을 설명하고 있다. "일반 상식으로는 분명히 사람은 칭찬이든 비판이든 가치 평가를 받게 되는 자기 의지 행위의 장본인이 된다"고 에드워즈는 기록했다. 그리고 이처럼 모든 주장이 한결같이 일치한다. 그러나 알미니안주의자와의 차이점은 그의 주장대로 "의지 행위들이 단순한 의지 능력에 의해서라기보다는 다른 어떤 원인에 의해서 이루어진다"고 에드워즈는 확신했다. 의지란 항상 인간의 도덕성의 지시에 따라 움직인다.

모든 경우에 있어서 의지는 도덕적 필요에 의해서 움직인다. 사람은 사실상 도덕적으로 현재 갖고 있는 성향과 반대된 선택을 할 능력을 갖고 있지 않다. 그러므로 사람의 선택은 타락된 본성에 따라 좌우된다. 절제없이 자기의 욕망을 추구하는 데 있어서 자유로우나, 자기의 도덕적 상태와는 상반되는 것을 선택하는 데에는 자유롭지 못하다. 사람의 책임이 없다고 할 수 없는 이 무능력 안에는 하나님 보시기에 가장 근본적이며 주요한 큰 죄악이 들어 있다.

이 주제에 관련된 오류들은 매우 심각한 현실적 결과들을 가져왔다. 스코틀랜드에 있던 몇몇 독자들은 말했다. "사람이 선택의 능력을 가지고 있지 않다는 것이 사실이라면 차라리 그 사실을 배우지 않았다면 더 좋을 텐데…". 에드워즈는 스코틀랜드에 있는 한 친구에게 상당히 긴 편지로 그에 관해 답해 주었다. 그 편지에서 다음의 일부분을 인용하고자 한다.

일부 몇 사람이 자기 의지 속에는 자기 선택능력이 없다는 것이 사실인지 혹 사실이 아닌지를 의아해 한다는데, 그것에 관해 어떤 말을 해도 해로울 뿐이다. 이 문제에 관한 진실을 캐내어 보려고 어떤 수단들을 동원하지 않는 것이 좋을 것이다. 나도 크게 다른 생각을 가질 수 없다. 사람이 지닌 성향과 행위의 도덕성에 있어서 필수적인 것은 의지이다. 의지가 순간적인 자기 결정을 내릴 때 작용하는 자유에 대한 개념은 대단히 해로운 것이다…내가 오래 살면 살수록 그 만큼 더 많이 목회사역에서 사람들의 영혼과 마주쳐야만 하며 더 많이 그런 자유의 개념과 직면할 것이다. 자유에 대한 그런 개념을 가지고 있으면, 말씀을 성공적으로 설교하는 데 방해를 받는 주요 장애 중의 하나가 된다. 그리고 죄인들의 회심에 필요한 다른 은혜의 수단들이 역사하는 것을 방해할 것이다. 선을 위한 것이든 악을 위한 것이든, 자기자신의 의지를 결정할 수 있는 개념보다 더 직접적으로 주의를 기울여야 할 것은 아무것도 없을 것이다. 그 자유에 대한 개념은 하나님께 회개하고 돌아갈 때를 결정할 수 있는 능력을 갖고 있음을 암시해 준다. 그리고 현재의 죄인들을 더욱 효과적으로 감화시켜 줄 수 있는 기회가 연기되고 무시되니, 결국 자기들의 명령에 따라서 언제든지 회개할 수 있고 또 구원을 받을 수 있다는 생각 속에서, 계속 대담하게 행하도록 만든다. 자기 결정과 자기 신뢰는 도리어 하나님께 회심하게 되는 은혜를 사모하는 기도를 못하도록 방해하고 약화시키는 경향이 있다. 또 자기들 스스로 결정하는 그런 일들을 좋아한다. 그리고 그런 개념은 사실상 회심 자체에 대한 개념을 파괴시킨다. 자기 결정 행위들이 예상되고 필요로 하는 모든 일들에서는, 회심(Conversion), 개심(Renovation of the heart), 중생(Regeneration) 등등은 성경이 말하는 것과 유사한 것이지만 그런 개념은 있을 수 없게 된다.

친구여, 이런 것 때문에 너를 귀찮게 해서 미안하다. 나는 마음에 가득 찬 것을 말한다. 나는 가는 곳곳마다 그렇게 팽배한 잘못된 개념들의 무시무시한 결과들을 오랫동안 보아왔다. 그런 잘못된 사상들이 계속 만연되고 있는 한, 그것들은 자기들 스스로 빚어낸 슬픔이 될 것이며 나를 근심케 하는 것이 될 것이다.

에드워즈의 『자유의지의 주요한 개념들에 대한 조심스럽고 면밀한 연구』의 가치에 대한 아주 인상적인 증언들이 많이 있었다. 에딘버러(Edinburgh)의 찰머즈(Chalmers) 박사는 평가하기를 "그렇게도 자주 매료시키는 거룩한 유럽인은 없다. 의지에 관한 그의 논문보다 더 열렬히 추천할 수 있는 인간의 저작서가 없다. 나는 47년 전에 읽고는 조금도 주저함 없이 확신을 갖고 추천한다. 칼빈주의의 불가해(不可解)하고 초월적이고 신비한 특징들을 다른 서적들도 잘 입증하지만 그 책보다 더 많은 도움을 받은 책은 없다." 그럼에도 불구하고 이 책의 유용성에 있어서, 우리의 입장에서는 지금은 조심스러우며 크게 제한을 받고 있다. 사용된 철학적 개념들, 세밀한 증명과 집중된 문제가 오늘날 일반 독자에게 주어지는 유익성을 오히려 해칠 수도 있을 것이다. 그러나 그 당시와 19세기 초에는 그것이 널리 퍼졌으며 진리의 선포를 도와 주었다.

이에 대해 우리 한국교회의 부흥과 비교하면서 잠시 생각해 본다면 유익할 것이다. 미국의 대각성과 견줄 수 있는 한국의 초대교회 시내의 부흥이 있었던 1910-1920년의 부흥현상은, 미국 회중 장로교회의 칼빈주의 신학을 가지고 있었던 선교사들의 신학교육과 초기 한국교회 목사와 부흥사들의 수고로 말미암았다. 그러나 에드워즈의 주장과 같은 죄인의 전적 타락과 무능력에 대한 교리가 퇴조하였을 때에는 인간 의지 중심의 신앙양상들만 난무하여 성령의 절대주권적인 은혜를 사모하여 얻는 회심이 현격히 사라지게 되었다. 오늘날 우리 한국교회의 회개와 부흥과 대각성도, 성경적인 확고한 복음교리 위에서 신앙이 교육되고 기도하고 사모할 때에 선물로써 주실 것이다. 핫지(A. A. Hodge)는 증언한다. "그처럼 의지에 대한 에드워즈의 작업은 정통주의의 방파제로서 스코틀랜드에서 환영받았다. 반면 영국에서는 필연주의, 무신론, 유물론의 기초가 되었다."

4. 원죄 교리

『원죄 교리』는 에드워즈가 발행하였던 마지막 작품이었다. 이 책이 18세기의 사상들을 다루었기에 주목받은 것은 아니다. 그의 논증들은 먼저 역사적 사실들과 인간적 경험으로부터 나오고 그 다음 성경으로부터 서술되었다는 점이 불굴의 가치를 지닌 책으로 만들어 주었다. 에드워즈는 강력하게 증거한다. 모든 인간의 본성 가운데 죄 지을 수 있는 성향이 있다는 것이다. 이 성향은 아담의 죄로부터 기원한 것이다. 전인류가 공동 가담자로 여겨진다. 그 성향은 타락하지 아니한 상태에 있는 인간의 도덕 보존을 위해 필요한 필수적인 신적 영향력과 신조를 상실하였을 때 일어나는 것이다.

이 책은 그 주제에 관해 명백한 입장을 가지고 있어야 할 필요성을 다음과 같이 절실하게 서문에서 호소하고 있다.

> 나는 교리를 매우 중요한 것으로 본다. 교리가 바른 사람이라면 누구든지 의심 없이 받아들일 수 있을 것이다. 모든 인류가 본질적으로 전적 멸망 상태에 있는 것이 사실이라면, 병에 대한 치료책으로써 구원에 관한 전체적 복음이나 교리를 인정하지 않으면 안된다. 복음에 관한 모든 진실된 믿음이나 참된 개념은 교리 위에 세워져야만 한다.

100여 년 전에 미국의 전기 작가들은 이 책에 대해 다음과 같이 평했다.

> 이 책은 다루고 있는 주제에 관한 저작들 중에서도 표준 작품으로 간주된다. 또한 인간 부패 교리에 대한 가장 뛰어난 변증서임에 의심할 여지가 없다. 인간 부패는 아담의 죄의 결과라는 교리에 대해서 지금까지 나타났던 변증서들 중에서는 가장 훌륭한 것이다.

5. 놀라운 회심의 이야기

『놀라운 회심의 이야기』라는 책은 감리교 창설자 존 웨슬레도 읽고서 크게 감명을 받았던 책이다. 저자도 1986년에 읽고 그 책에 나오는 회심자들처럼 회심하기를 사모할 때에, 더운 여름이나, 온 몸에서 차가운 소름과 전율을 느꼈었다. 이 책을 읽을 때에 독자들도 동일한 감동과 은혜 그리고 자신의 진정한 회심을 사모하며 확인하려 할 것이다. 이 책은 신앙이 해이해진 사람들에게는 해독제와 같은 역할을 할 것이다.

1734-1735년 잊을 수 없는 겨울에 일어 났었던 여러 사건들이 『놀라운 회심의 이야기』(Narrative of Surprising Conversions)라는 그의 책 속에 상세히 기록되어 있다. 어느 젊은 부인이 여러 사람들에게 진지하게 권고하며 경계하고서 죽고 난 뒤에 잇달아 또 어느 청년이 갑작스럽고 두려운 죽음을 당하였으며, 이웃 마을에서 깊은 신앙적인 각성을 하게 되었다. 이 모든 것들이 노스햄프턴 회중들로 하여금 진지한 각성을 하도록 하였다. 미국지역에서 일어나는 거룩한 사건들과 죄인들이 회심하게 되도록 하나님의 은혜가 놀랍게 임하시는 사건들에 대해서 영국과 스코틀랜드에까지 소식이 자주 전해져서 듣고 기뻐하고 있었다. 그것은 제1세기 기독교 이후로는 귀로 들어 보거나 눈으로 읽어 보지도 못했던 놀라운 사건들이었다. 목사요, 권위 있는 학자인 보스톤의 콜맨(Colman)은 몇 통의 편지를 가이제 박사에게 보내어 그 경과를 설명하였다.

에드워즈는 이 이야기의 서문을 다음과 같이 썼다.

> 존경하는 목사님 귀하
>
> 휫필드에 계시는 저의 삼촌 윌리엄즈(Williams)에게 보내신 7월 20일자 편지를 보게 되었습니다.
>
> 런던의 왓츠 목사님과 가이즈 목사님 두 분께서 오셔서 월례기도회에서 설교하실 때 회중들로부터 최근에 이 지역에서 일어난 하나님의 놀라운 역사에 대한 소식을 접하게 되었다고 저의 삼촌께 알리시고는 그 사건에 대해 더 구체적으로 현장에 있었던 우리들

제9장 중요 작품과 신학사상 **141**

중 몇 사람을 통하여 들으시기를 희망하셨다죠. 목사님께서 그 일
에 대한 상세한 사항들을 특별히 저를 통해 알고 싶다고 삼촌 윌리
엄즈께 말씀하셨다는 것을 들었습니다. 그래서 이제 최선을 다하여
공정하고 신실한 자세로써 보고하고자 합니다.

우리는 이 책의 진실성을 확신할 수 있을 것이다. 저서의 경건성으로 보아 알 수 있을 뿐 아니라 뉴잉글랜드에 살고 있는 많은 사람들의 일치된 증언을 통해서도 알 수 있다. 이 일이 한쪽 구석에서만 일어난 것이 아니기 때문이다. 이곳에서도 알고 있듯이 그 장소는 한 지역의 작은 촌에 불과한 곳이다. 그 곳은 커넥티컷강을 끼고 있는 뉴햄프셔(New Hampshire)에서 가까운 곳으로서 12개 내지 14개 마을들이 흩어져 있는 곳이다. 30마일 반경 내에서 2년 전부터 하나님께서 짧은 기간에 수많은 영혼들을 회심케 하시기 위해서 값없이 거저주시는 주권적 은총을 내려 주시기를 기뻐하셨다. 기독교의 형식적이며 냉랭하고 경솔한 신앙고백을 버리고 각성하여 모든 신자가 활력 있는 실천을 도모하도록 하셨다. 하늘의 이슬로 넉넉히 물 공급을 받았으나 그 주변 땅들은 메말랐으며, 그런 놀라운 축복을 받지 못하던 기드온의 양털에 기적이 나타났던 것처럼 기적을 다시금 일으키시는 것 같았다.

영국과 미국의 목사들과 교회들은 수년 동안(최근 미국에서 지진이 있었던 기간을 제외하고는) 대단한 불평을 늘어 놓았다. 회심의 역사가 너무 느리게 진행된다고 그리고 성령께서 더 이상 하나님의 말씀을 통하여 구원을 얻게 하시지 않는다고 했다. 그 이유는 마음에 큰 변화를 받기 위해서 복음의 전도를 받은 사람들이 거의 없었기 때문

이다. 그러나 복음은 지금도 동일한 하나님의 은혜의 수단인 것같이 사도 시대처럼 승천하신 우리의 구주께서 복음이 전파되는 곳마다 구주의 영을 충만히 부어주심으로 말미암아 복음의 능력을 나타내신다. 그 결과 숱한 죄인들이 거룩한 성도로 변화되었고, 한 마을 혹은 한 지방 전체가 새롭게 변화되었다. 광야와 고독한 지역들이 기뻐하고, 사막이 즐거워하며 장미같이 꽃이 피게 되었다. 그들이 주의 영광을 보았고 하나님의 탁월하심을 보았다. 그들은 성소에 계시는 왕이신 하나님의 임재하심을 보았다.

최근 몇 년 동안 우리들 가운데서 일어난 기독교 신앙의 불신, 쇠퇴, 배교에 대한 왜곡된 소문과 교만 때문에 그리스도의 영으로 하여금 우리나라에서 떠나가시게 만들었을 것이다. "오 주여! 돌아오소서. 당신의 교회로 오소서. 우리들 가운데서 당신의 역사를 다시 시작하소서."

본서에서 살펴볼 수 있듯이 복음이 확장되는 복된 사건들로부터 배울 것이 있다. 우리는 하나님의 아들 예수 그리스도로 말미암아 죄인들을 각성시켜서 아들의 형상을 본받고 사랑을 입도록까지 회복시키시려는 목적으로 사람들의 영혼을 다루시는 성령의 사역의 방법에 대해서 많이 배울 수 있다. 사람들이 회심케 되는 역사 가운데 나타나는 특별한 현상들이 복음적이든 아니든, 맹렬하며 무섭든지, 아니면 조용하고 믿을 만한 것이든지 그들이 듣고 있는 설교 사역에 의해서 일어나고 있다. 그러나 하나님께서 사람들을 구원하시기 위해서 마음속에 능력으로 역사하시는 곳곳마다 죄에 대한 깨달음과 하나님의 진노에 대한 두려움과 성자 예수님의 모든 충족함을 얻게 될 것이다. 그렇게 하심은 모든 영적인 부족함과 근심들 가운데 있는 우리들을 구원해 내시기 위한 것이다. 다양한 은혜를 베풀어 주실 때 성경에 나타난 예수님을 영접하고자 하는 영혼의 뜨거운 동의가 있을 것이다. 그리고 만일 독자들이 이 영광스러운 기간 동안 전파되었던 설교문들을 정밀 검사해 본다면 종교개혁에서 새로이 발견한 평범한 개신교 교리들로 핵심을 이루고 있음을 알게 될 것이다. 설교에 나타난 교리들은 도덕률 초월론자(Anti-nomian, 기독교인은 복음에 나타난 대로 하나님의 은혜로 도덕률 즉 율법에서 해방되어 있으므로 지킬 필요가 없다고 주장하는 자)들이나 알미니안주의자들이 주장하는 방향으로 나아가지 않았다.

6. 신앙의 열정

베드로전서 1장 8절, "예수를 너희가 보지 못하였으나 사랑하는도다 이제도 보지 못하나 믿고 말할 수 없는 영광스러운 즐거움으로 기뻐하니"라는 말씀에 근거한 에드워즈의 연속 설교는 1743년에 시작하여 1746년 초까지 계속되었다. 그 설교는 1746년에 『신앙의 열정에 관한 논문』(A Treatise Concerning the Religious Affections)이란 제목으로 발행하면서 대대적으로 수정하였다.

어떻게 우리가 그리스도인의 참된 체험을 구별할 수 있을까? 혹은 서문에서 에드워즈가 사용하는 말대로 '참된 신앙의 본질은 무엇인가? 그리고 하나님 보시기에 기뻐 받으실 만한 뚜렷한 선한 증거가 있는가?' 하는 식의 질문이 가능할까? 그 질문들은 『신앙의 열정』의 주제를 소개해 주고 있다.

에드워즈의 참된 신앙의 본질에 대한 설명은, 우선 1740-1742년의 부흥을 인정하지 않으며, 최근에 눈에 띄일 정도로 많이 일어났던 성령의 역사를 불신하였던 사람들을 대상으로 했던 설명이다. 에드워즈는 1742년에 이미 추측했다. 신앙은 이성과 판단력에 좌우되며 의무적인 것이라는 쵸운시(Chauncy)의 주장은 당시에 소수파의 견해였으나, 시간이 지날수록 더 폭넓은 지지를 받았다. 왜냐하면 최근까지 체험과 감정이라는 이름으로 계속된 모든 것에 대해서 무비판적으로 찬양하였기 때문이다. 여론은 거꾸로 되돌아 갔다. 그리하여 1746년에 '현재 이곳에서 신앙의 열정에 대하여 편만해져 있는 잘못된 편견'에 대해서 말할 수 있었다.

최근의 비상 시기에 많은 사람들이 대단한 신앙적 열정을 갖게 된 것 같다. 그러나 그 사람들이 열정이 있고 열심이 있으면서도 정상적인 정서를 갖고 있지 못한 채 많은 실수를 하는 것 같았다. 그들이 과거에는 전혀 참된 신앙이 없기라도 하였던 것처럼 그들의 신앙의 열정은 대부분의 사람들에게 인정을 받게 되었다. 그처럼 우리는 자연스럽게 극단에 빠져 들기 쉽다. 조금 전만 하여도 우리는 극단에 서 있었다. 신앙적 열정의 본질과 근원 그리고 신앙적 열정이 일어나는 방식을 잘 살펴보지 않고 모든 신앙의 열정들을 참된 은혜를 받은 증거로 여기는 경향이 있었다. 사람들이 정말 매우 깊이 감동되고 각성하였다면 신앙적 이야기로 충만하고 뜨거움과 열의로 가득 차며 은혜로 충만할 것이다. 더 깊이 생각해 보지도 않고 그런 열정이 있다고 하는 사람들을 하나님의 성령으로 충만한 사람들이며 하나님의 자비하심을 체험한 사람들이라고 결론짓는 것은 억지이다. 그런 결론은 3-4년 전부터 있어왔던 극단이었다. 그러나 최근에는 편견 없이 모든 신앙적 열정들을 평가하고 지지하는 것 대신에 이유 없이 모든 것을 거절하고 버리는 경향 또한 생겨났다. 바로 여기에 사단의 교묘함이 도사리고 있다…그가 써먹는 방법이다. 모든 신앙을 생명 없는 형식으로 끌고 가며 약삭빠르게 경건의 능력과 영적인 모든 것을 잃어버리게 하고 모든 참된 기독교를 문 밖으로 쫓아 내려고 한다.

에드워즈는 '거룩한 열정은 필수적으로 참된 신앙에 속한 것일 뿐 아니라 참된 신앙의 핵심이다. 만약 우리가 신앙에 열심이 없고 우리의 의지와 기질이 변화되지 않았다면 우리는 아무것도 아니다' 라는 결론을 내렸다. 에드워즈의 출발점은 인간성의 분석이었다. 에드워즈는 "이곳 언어는 다소 불완전하다"는 것을 미리 말하고 지식(인지, 고찰, 숙고)의 기능과 마음(의지와 기질이 인정하고 좋아하거나 혹은 부정하고 싫어하는 활동을 하는 영역)의 기능 간의 일반적인 구별을 옳다고 인정하고 변호했다. 에드워즈가 보여주려고 하는 그 같은 설명은 참된 신앙에 대한 성경의 주장과 일치한다. "신자의 체험은 지식에만 머무를 수 없다. 그리스도인이 교리적 지식과 생각만 가지고 있고 열정이 없다면 그는 신앙과 관계가 있는 사람이 아니다…경외심, 소망, 사랑, 미움, 욕심, 기쁨, 슬픔, 감사, 긍휼, 시기 등과 같이 성경은 신앙의 열정에 많은 강조점을 두고 있다." 그런 주장에 대한 증거로써 '훌륭한 성도들'(다윗, 바울, 요한)의 신앙과 그리스도 자신의 모범(이전부터 하나님과 사람에게 향한 사랑의 열정과 열의 그리고 능력)에 대한 성경의 묘사를 제시하였다.

에드워즈는 진실된 그리스도인의 체험 속에 있는 열정이 차지하는

살아 있는 장소에 대한 주장을 하늘에 관한 성경의 묘사로부터 끌어
낸다.

　　아무것이든지 그 참된 본질을 파악하려면 그것의 순수성과 완전
성이 발견되어질 수 있는 곳으로 가야 한다. 우리가 순금의 본질을
알고자 한다면 그것을 광물로 있을 때가 아닌 그 광물이 제련되었
을 때에 살펴보아야 한다. 순수 신앙이 무엇인지를 알고자 한다면
우리는 참된 신앙이 있는 곳으로 가야 한다. 그리고 어떤 오물이나
혼합물도 없는 가장 완전한 상태의 신앙이 있는 곳으로 가야 한다.
우리가 성경에서 하늘나라의 상태에 대하여 그 곳의 성도들이 누리
는 사랑과 기쁨에 대하여 무엇을 배울 수 있다면 엄청나게 크고 활
기 있는 것이며, 마음은 형언할 수 없는 달콤함을 가장 강하게 느
낄 것이며, 강한 감동을 받고 성도들을 불꽃같이 만들 수 있을 것
이다. 그런 사랑과 기쁨 속에 열정이 없다면 열정이란 단어는 아무
가치없는 언어가 될 것이다. 하늘에 있는 성도들이 하나님 아버지
를 바라보며 자기들을 구원하신 분의 영광을 바라보며 구속자의 영
광스러운 사역과 특별히 자기들을 위해서 자신의 목숨을 버리기까
지 하신 것을 묵상하면서도 그들의 마음에 전혀 감동이 없고 열정
이 일어나지 않는다고 말할 수 있겠는가?

　　쵸운시의 주장과 당시의 몇몇 사건들을 참고해 보지 않는다면, 『신
앙의 열정』을 읽는 독자들은 에드워즈가 중요한 논쟁을 벌이고 있는
중에 책을 쓰고 있었다는 것을 잊어 먹기 쉽다. 학적인 고찰들도 에드
워즈의 입장으로부터 나온 것으로 그 사건 때문에 쓰게 된 것이다. 에
드워즈는 하나님이 자기에게 주신 열심과 힘을 다해서 신앙의 생명과

능력을 소멸시키는 사람들에게 대답하기를 원했다. 에드워즈가 내린 혹평들은 사사로운 것이 아니기 때문에 아무런 피해가 없었다. 에드워즈는 자기의 확신들을 숨기지 않았다.

"신앙의 열정이 거의 없는 사람들은 신앙이 거의 없는 사람들이라는 것을 잘 아시오. 그리고 다른 사람들의 신앙적 열정을 모욕하는 사람들도 신앙이 없는 사람들이나 마찬가지라는 것을 명심하시오."

간단 명료한 한 문단에서 인용된 글은 에드워즈의 사상을 대변해 주는 것이다. 에드워즈는 쓰기를, 진짜 회심하지 아니한 사람은 본성을 억제하지 못하고 새로운 계통으로 변해 버리고 타락한다. 과거의 세속적인 생활로 되돌아 가지 않는 사람들은 자신들의 체험들과 은혜들과 특권들에 대해서 고견들을 가지고 있는 사람들이다. 자기 의와 영적으로 긍지심이 있는 기질 속에서 점점 더 안정을 누린다. 에드워즈는 계속하여 말한다.

그들이 예전에 악한 생활을 멀리했던 것처럼 보이지만 그것만으로도 그들을 정죄하기에 충분하다. 그리고 그들의 현재 상태를 처음 상태보다 더 나쁘게 만들 수 있을 것이다. 이 때문에 그리스도 께서 말씀하시던 그 세대의 유대인들의 경우와 같다(마 12:43-45). 그들은 세례 요한의 설교에 의해서 각성되었고 이전의 부도덕한 방법들을 개혁하였다. 그리하여서 더러운 귀신은 떠나 갔고 그 집은 비고 소제되었다. 하지만, 하나님이 안계시고, 은혜가 없고, 도리어 자기자신들로 충만해 있고, 자기자신들의 의와 거룩에 대한 지나친 과대평가로 의기양양해 있는 사람들은 자기자랑하는 행동이 습관화되어 있다. 그들은 세리와 창녀의 죄를 바리새인들의 죄와 바꾸었다. 더 악한 일곱 귀신이 들리고 그 사람들의 나중 형편이전보다 더욱 심하게 되었다.

비록 『신앙의 열정』이 실제적이며 체험적인 책이지만, 분명한 교리적 확신으로부터 만들어진 것이다. 즉, 거룩은 본래 참된 그리스도인의 체험과 관련이 있는 것이다. 중생할 때 마음에 심겨진 은혜는 거룩한 행동과 실천의 원동력이다. 그리고 거룩은 항상 참된 회심자의 본성의 변화를 촉진한다. 그러므로 회심의 선언에 생활의 거룩함이 수반되지 않는 사람은 회심에 대한 관심을 가진 개인이라 해도 아직 그리스도인이 아니라고 생각해야 한다.

중생의 영원한 본질을 고대하는 에드워즈의 기본적인 확신과 개혁주의 신학이 인정하지 않는 사람들이 그 대안으로 내세우는 것은, '사람들은 새롭게 될 수 있고 결국에는 자신들의 거룩과 구원을 잃어버릴 수도 있다는 것'이다. 존 웨슬레(John Wesley)에게 있어서 이 대안은 뉴잉글랜드에서 일어났던 일에 대한 정확한 설명이었다. "신앙의 열정"의 압축 요약판(1773)에 대해서 웨슬레는 저자의 근본적인 실수를 지적하는 일은 독자들을 위해서 반드시 해야 할 일이라고 말했다.

그 책에서 에드워즈가 의도한 것은 주로 자기의 가설을 세우려는 것이었다. 세 장에 걸쳐서 뉴잉글랜드에서 있었던 영광스러운 역사들에 대해서 설명했다…그러나 수년 내에 이 책의 상당 부분이 '개가 그 토하였던 것에 돌아 가고(벧후 2:22)'하는 것처럼 되돌아 갔다. 무엇이 그로 하여금 경솔한 결론을 내리게 했는가? 어찌하여 참된 신자가 믿음으로부터 파선하는가? 그러면 어떻게 그런 힘을 피할 수 있었는가? 진실로 그 자신의 말들을 잘 되새김질 해

보면 그리고 그 일의 본질을 잘 조사 해보면 그들은 전혀 신자들이 아니었을 것이다. 이를 위해서 에드워즈는 매우 재치 있고 교묘한 형이상학적 특징으로 가득 채워져 있다. 그래서 우주에 있는 평범한 남녀의 머리를 어리둥절하게 만들고 지식을 혼란시키기에 충분하다. 전부를 부정하지는 않지만 하나님이 그 남녀들의 영혼 속에서 이루신 모든 역사들에 대하여 의심하게 만든다.

에드워즈와 웨슬레 사이에는 아주 큰 차이가 있다. 단순히 성도의 견인에 대한 것만이 아니다. 웨슬레의 주장은 그리스도인의 체험은 기본적으로 너무나 단순한 것이기 때문에 그리스도 안에서 즐거워한다고 하는 사람들 사이에서 참된 체험과 거짓된 체험을 구별할 필요가 없다는 것이다. 구원의 확신을 가지고 있는 사람이 나중에 그 확신을 잃어버리고 한때 행하던 그리스도인의 의무를 포기한다면, 그 사람은 분명히 자기의 구원을 잃어버린다고 웨슬레는 그렇게 생각했다.

에드워즈가 적당한 분량으로 그 차이점들을 밝히려 할 때 노력을 기울이지 않으면 안되었던 것이 사실이다. 『신앙의 열정』은 감동스럽고 심오한 것이다. 목차는 본래 설교되었던 순서 그대로이다. 그 책은 1735년도의 젊은 회심자들을 위해서가 아니라 7년 후 큰 영적 체험을 가졌던 사람들과 체험했다고 말하는 사람들을 위한 것이었다. 에드워즈의 기본적이며, 되풀이 되는 주제는 굽히지 않고 계속 진행된다. 거룩을 사랑하고 추구하는 것은 참된 그리스도인의 변함 없는 표지이다. 에드워즈는 쓰기를 '성령께서 여러 가지 방법을 동원해서 거듭나지 아니한 사람들을 감화시키려고 시도하시지만, 끝까지 그렇게 하시지는 않을 것이다' 라고 했다. 반면에 젊은 그리스도인의 체험이 '혼란스러운 혼돈'과 같을지라도 그는 거룩을 추구할 것이다. 그리고 진실된 것은 항상 거룩함과 관련 있기 때문에 진실된 신앙의 열정은 거짓된 열정과는 다를 것이다. '성도들에게 거룩함은 하늘이나 혹은 땅에서 찾을 수 있는 것 중에서 가장 좋고 달콤한 것이다', '잘못된 열정에 사로잡혀서 지옥 갈 위험으로부터 벗어났다고 안심하는 사람들은, 십자가의 중한 짐을 회피하고 힘든 임무의 고통을 저버리고 자신들의 안일과 욕망을 추구한다.' 에드워즈는 덧붙이기를 '그런 사람들 중의 몇은 같은 시간에 하나님께 사랑을 고백하고 하나님의 사랑을 확신하며 그리고 하나님의 사랑의 달콤함을 맛보면서 큰 기쁨을 누린다.'

에드워즈의 간단한 자필 원고로서 "체험을 판정하는 지침"(Directions for Judging of Persons' Experiences)이란 원고가 있다. 에드워즈는 쓰기를 '그들은 거룩함을 간절히 갈망하고 그들의 모든 체험들은 그 갈망을 크게 증대시킨다는 것을 주의하여 살펴보아라…그들의 체험이 그들로 하여금 죄로부터 완전한 해방을 갈망하게 만들고 그 후에 거룩함이 계속 남아 있는지를 확인해 보라'고 했다. 바로 이점을 『신앙의 열정』에서 충분하게 밝혔다. 즐거움과 열정이 거짓되고 위조된 것이라고 밝힌 곳이 있다.

　　　한때 회심하였다고 떠들었던 사람들이 이제는 더 이상 빛과 은혜를 갈망하지 않는다…그들은 일반적 은혜로 살아가거나 아니면 과거에 했던 몇 가지 큰 체험들을 의지하고 산다. 하나님의 은혜를 사모하고 울며 부르짖던 것도 이제는 멈추었다. 그러나 참된 성도로 하여금 활력을 불어 넣는 그 거룩한 정도(正道)만이 성도로 하여금 하나님과 거룩함을 간구하는 열심을 일으키게 하는 위대한 능력을 갖고 있다…성경 곳곳에서 그리스도인의 간구와 갈망과 애씀을 회심한 후에 뒤따르는 것으로, 회심을 그리스도인의 사역의 시작일 뿐이라고 주장한다. 그리고 신약성경에서 말하는 거의 모든 것은 사람들 자신에 대한 경계와 주의를 기울이는 것, 자기 앞에 놓인 경주를 하는 것과 하나님의 전신갑주를 입고 혈과 육에 대한 것이 아닌 정사와 권세와 대적하고, 싸우고, 씨름하는 것과 밤낮으로 하나님께 울부짖고 기도하는 가운데 끊임없이 계속하고 앞을 향해 전진하는 것에 대한 것이다. 그런 것들에 대한 신약성경의 가르침은 거의 모두 성도들에 관한 것이다. 또 그런 것들이 죄인들의 회심을 갈구하는 것과 관련이 한 번 있다면, 큰 소명을 받아 행하는 위대한 사업으로 인한 성도들의 핍박에 대해서는 열 번 언급하고 있다.

　에드워즈와 같이 존 웨슬레도 거룩함에 대해 관심을 갖고 있었다. 그리스도인들 속에 있는 그리스도인의 완전함을 염두에 두고 있었다. 그러나 이 두 사람 사이의 근본적인 차이는 중생하고 회심한 개인에게 일어나는 것과 관련이 있다. 우리가 이미 위에서 들은 대로 거룩함이 다시 새롭게 됨은 회심의 기초라고 에드워즈는 믿었다. 그리스도인에게 거룩함이란 알게 되어진 하나님의 아름다움이다. 그리스도인은 이제 자신의 본성 안에 거룩함의 원리를 갖고서 하나님을 기뻐하고 하나님과 같이 되기를 구한다. '살아 있는 생명체에 호흡이 필수적이 듯이 거룩한 본성에는 거룩함이 필수적이다. 이 거룩함을 더하기 위해서는 하나님의 영을 갈급해 하고 거룩한 호흡이 있어야 한다.' 진실한 신자는 '우선적으로 자신의 거룩함의 아름다움을 위해서' 하나님을 사랑한다. '거룩은 구원과 구별할 수 있는 별개의 것이 아니라 구원의 목적이다. 일단 사람이 새롭게 되면 거룩의 삶이 끊임없이 시작되는 것이며, 본성의 변화가 죽을 때까지, 영광 중에 완전케 될 때까지 계속 진행된다.' 이에 대해 에드워즈는 다음과 같이 말한다.

> 거룩한 생활은 우리 자신과 다른 사람들의 신실성을 판정하는 데에 사용되는 주요한 증거이다…이 증거는 창세기부터 요한계시록까지 성경 전체에서 참된 경건의 증표로 가장 많이 강조하는 증거이다…만약 우리가 그리스도의 말씀을 우리의 규칙으로 삼는다면 그리스도와 그의 사도들이 정하여서 우리에게 물려주었으므로 틀림없이 우리는 그것을 실천하려고 할 증표로 삼아야 한다. 그 증표는 특별히 받아야 할 동일한 증표이며, 그리고 우리 자신을 시험해 보려 할 때에 주로 사용해야 할 증표이다.
>
> 그러나 우리 속에 가치 있는 것이 하나도 없다는 것이 우리의 마음을 자극하여 그리스도께 관심을 가지게 된다는 사실은 우리가 그리스도에 대한 관심을 갖고 있지 아니하다는 것을 증거해 주는 것이다.
>
> 거저주시는 은혜와 필수적인 거룩한 생활은 이같이 때때로 성경에 함께 결합되어 있다. 둘이 서로 모순되는 것이 아니다. 실제적으로 믿음의 활동과 열매가 은혜의 주요한 표적으로 평가되어야 한다. 은혜는 그 믿음의 고상함과 중요성을 격하시키지 않는다. 행동과 활동은 은혜의 주요한 증표로 평가받아야 하는 것이다.

에드워즈의 염두에 있었던 도덕폐기론의 위험성은 단순히 회심에 관한 질문에만 국한되지 않았다. 더욱 빈번히 그 위험성은 성령의 '직접적인 증거'를 체험함으로써 주장되는 확신에 관한 것이었다. 그런 확신은 더욱 복음적이며, 더욱 은혜로운 것이며 그리고 지금까지 교회에서 설교되어진 것보다 더한 성령의 역사의 귀중한 것이라고 주장되었다. 에드워즈는 그런 주장에 대하여 잘 알고 있었다. 개인적으로는 뉴잉글랜드에서, 서신으로는 성령의 증거에 관하여 극악한 실수들이 있었던 뉴저어지에서 하나님을 영접하는 일에 직접적으로 관련이 있는 지식을 전하고 있었다. 에드워즈는 그런 가르침의 주장들에 대해 경종을 울렸다.

> 이런 종류의 사람들이 있다. 선행을 마구 비난하고, 선행에 모순되는 신앙은 극구 칭찬하고 율법적인 사람들과는 반대되는 복음적인 사람들로 자기 자신들을 치켜 세우는 사람들이 있다. 그리고 그리스도와 복음과 거저주시는 은혜의 방편을 전파하는 것을 드러내는 사람들이 있다. 그들은 거저주시는 은혜의 복음적 방편에 대한 가장 큰 적들 중의 일부이며 순수하고 겸허한 기독교를 반대하는 가장 위험스러운 반대자들인 사람들이다….

'신약성경은 체험이 신자가 갖는 확신의 영원한 근원이 되었던 사람은 아무도 없었다고 가르친다'고 에드워즈는 확실히 믿었다. 성령의 한 가지 증거로써도 충분하다. 회심할 때에 있었던 한 가지 체험만으로 충분하다. 왜냐하면 확신이라는 것은 과거의 경험에 기초해서는 만족스러운 것이 될 수 없기 때문이다. 성령의 현재적이며 계속적인 역사가 필요하다. 그리고 확신을 주시는 성령의 내적 역사는 그리스도 안에서 안식함으로써 얻게 되거나 한 가지 '직접적 증거'를 통해서 얻게 되는 확신과 다른 것이 아니라 오히려 그것은 모든 참된 영적 평안의 기초이다. 그 평안은 힘의 다양한 강도에 따라 다를 수 있는 것이다. 성경으로부터 더 많은 것을 에드워즈는 끌어낸다. 신자의 입장에서 하는 행위는 확신을 얻고자 하는 것이다. 하나님께 순종하며 행하는 것과 성령의 평안은 서로에게 속한 것이다(행 9:31). 그러므로 생활의 거룩과 관련 없는 확신은 거짓된 확신이다. 확신의 기초를 오직 그리스도와 성령의 체험에만 두기를 바라는 가운데, 도덕폐기론자들은 내면적 체험과 외면적 행위 사이의 비성경적 구별을 내린다고 에드워즈는 주장했다. 정말, 모든 그리스도인들의 체험을 '행함'으로 부르는 것이 적당하지 않고, 모든 그리스도인의 행함이 체험이라고 불리우는 것이 정확하다…거룩한 행함은 그리스도인의 체험의 일부요, 한 종류이다. 이성과 성경은 그 거룩한 행함을 그리스도인의 체험의 주요하고 가장 뛰어난 부분으로 제시한다…"하나님을 사랑하는 것은 이것이니 우리가 그의 계명을 지키는 것이라"(요일 5:3), "또 사랑은 이것이니 우리가 그의 계명을 좇아 행하는 것이요"(요이 6).

얼핏 보면, 부흥 신학자 에드워즈가 '직접적 증거'를 강조하는 분리주의자들을 반대하는 것이 아마도 이상하게 보일 것이다. 그러나 다음 글들은 이런 점에 대해서 폭넓게 말해 준다. 에드워즈가 개인적으로 성령의 크고 영광스러운 교통에 대해서 알았다는 것을 부인하고자 하는 것이 그의 뜻하는 바는 아니었다. 성령의 가장 중대한 것들을 받아들이는 신자는 티끌과 재에 비해 월등히 위대하고 강한 "말할 수 없는 영광스러운 즐거움"(벧전 1:9)에 대해 알고 있을 것이다. '그리고 누가 하나님을 그런 가장 중대한 것들을 주시는 분으로 제한하는가? 혹은 누가 하나님께서 엄청나게 많은 유산을 물려 주실 것이라고 말하는가?' 증거하시고 인치시는 성령의 사역이 있다. 그리고 성령의 인(seal)은 성도들이 양자되었다는 것에 대한 가장 강도 높은 증거이다. 성도들은 그 증거를 늘 갖고 있다. 비록 신자들은 '직접적인 암시와 계시'를 통하여 증거를 얻으나, 에드워즈는 '직접적'이란 단어에 대해서 반대한다. 오히려 '증거'나 혹은 '인'은 증거의 주제 곧 하나님의 자녀라는 것을 양심에 분명히 비춰주는 성령의 '거룩한 등불이거나 새겨진 형상'이다. 신자에게 믿음과 사랑의 활력을 불어 넣어 주는 증거이므로 마귀가 결코 흉내낼 수 없는 증거 곧 구원의 실재에 대한 증거이다. 그러나 비록 이 증거가 성령의 최고급의 증거이지만 분리주의자들처럼 한번 만에 모든 것을 다 이룬다는 증거가 아니다. 확신은 하나님과 항상 교제를 가짐으로써 더해지는 것이다. '자기의 이웃과 만날 때에 자기 존재에 대해서 증거를 얻을 수 있다. 그러나 매일 매일 이웃을 만나고 여러 가지 상황 속에서 대화를 나눔으로써 증거는 '확실'해진다. 에드워즈에게 있어서 성령의 증거는 영광스러운 것이다. 그 증거는 하나님의 자녀들을 위한 전체 관심 중 일부분이다. 그리고 에드워즈는 실수자들이 성령의 일반적이며 계속적인 사역을 축소시키는 '직접성'에 대해서 어느 정도 말하는 것을 듣고 깜짝 놀랐다. 그 증거를 마음과 생활 속의 은혜의 증거로부터 분리시킴으로써 도덕폐기론자들은 신약성경의 중요한 강조점들을 거부하고 있었다. '성경이 그리스도에 대한 관심의 증거로써 가장 중요한 것이라고 주장하는 것들을 깔보고, 그런 것들에 비중을 두면 율법적이라고 생각하고 등한시하는 것'은 사람들의 신앙에 큰 손해가 된다.

    그러나 우리는 에드워즈의 『신앙의 열정』의 훌륭함을 그의 다른 저서들과 비교될 수 있는 것으로 평가하지만 가장 훌륭한 작품이라는 것은 부인 할 수 없을 것이다. 1740년대의 문제점들로 말미암아 기독교회가 얻을 수 있었던 참된 신앙의 본질에 관한 가장 중요한 책들 중의 한 권이 나올 수 있게 된 것이었다.

제10장

프린스톤 신학교장과 죽음

1. 프린스톤으로 초빙 받음

　에드워즈의 생애에 대해서 최종적인 사건들을 우리는 간단히 요약해 볼 수 있을 것이다. 1757년 9월에 프린스톤(Princeton)에 있는 장로교 대학(Presbyterian college, 현 프리스톤 대학과 신학교)의 학장이요, 에드워즈의 사위였던 에어런 부어르(Aaron Burr)가 죽게 되었다. 그는 비록 비교적 짧은 생애를 살았지만 유익하게 보낸 것 때문에 유명하게 되었다. 그는 그리고 대학을 번창시켜 놓았다. 그러므로 그의 부인 에스더 부어르(Esther Burr)가 자기 어머니 에드워즈 부인에게 보낸 편지는 인용할 가치가 있다. 그녀의 남편의 죽음과 그녀와 자식들에게 있었던 상실로 말미암은 유익과 위대함을 설명한 후 그녀는 계속 다음과 같이 썼다.

비록 모든 물줄기는 잘렸으나 샘은 그대로 남아 있습니다. 그리하여 나의 관심을 주님께 드릴 수 있게 되었다고 생각합니다. 이 세상이 줄 수도 얻을 수도 없는 그런 놀라운 평안과 고요함을 발견했습니다. 나는 비상한 자유를 누리고 은혜의 보좌로 가까이 나아갑니다. 하나님께서 제게 이전에 결코 없었던 것을 깨닫게 하셨습니다. 세상이 헛되다는 것과 현세의 쾌락들이 모두 헛되다는 것입니다. 세상은 간 곳 없습니다! 하늘의 영원한 것들이 이전보다 더욱 실제적이며 더욱 중요한 것으로 보입니다.

에드워즈의 딸이 남긴 글을 통해서 에드워즈의 딸들이 가정에서 부모님들로부터 어떤 신앙교육을 받았는지를 추측해 볼 수 있다. 우리는 이런 예화를 잘 알고 있을 것이다.

부르(Burr) 학장이 죽은 후 처음 대학 이사회 모임에서 에드워즈를 후임자로 결정했다. 에드워즈는 뜻밖의 소식을 전해 듣고 임명 받는 것을 사절하려고 했다. 그 직책에 대한 자신의 자격을 의심했고, 알미니안 논쟁에 대한 글을 더 쓸 계획이었다. 그리고 『구속사』(The History of Redemption)로 알려진 신학의 뼈대를 완성하기를 바라고 있었다. 그러나 그 청빙을 많은 목사들의 판단에 맡겼다. 그는 그들의 우의를 신뢰하였다. 그리고 그들은 그 대학의 학장직에 대한 초빙을 수락하는 것이 에드워즈의 임무라고 결정했다. 에드워즈는 그 결정을 듣고 그만 울고 말았다. 이 일은 남들 앞에서 흔한 일이 아니었다. 마침내 그는 1758년 1월 봄에 가족을 데리러 다시 오기로 하고 혼자 스탁브리지(Stock bridge)를 떠나 프린스톤으로 향했다.

에드워즈의 프린스톤 도착은 그 대학의 큰 만족과 기쁨이 되었다. 그 곳에서 행한 첫 설교는 그리스도의 불변성에 관한 것이었다. 말씀을 전하는 데 2시간 이상 걸렸지만 청중들은 대단한 집중력을 기울여서 들었다. 그 이후 있었던 몇 주간 동안 주일마다 그 대학 강당에서 설교하였다. 그리고 최고 학년 수업을 맡아 신학에 관한 질문을 함으로써 평가하고 감독하였다. 거기서 에드워즈는 놀랄 정도로 하나님의 임재를 즐기고 있었던 것 같다.

2. 죽음에 대한 자세

1758년 초에 천연두(Small-pox)가 뉴저지(New Jersey)에서 발생하여 일대에 널리 퍼졌다. 그리고 프린스톤(Princeton)에서도 만연하여 위험하였다. 에드워즈는 접종이 상당한 성공을 거두고 실시되고 있을 때였던 2월 초에 접종받는 것이 자신에게 있어서 최선의 방법이었다고 생각하였다. 왁친(vaccine)주사는 아주 만족할 만큼 좋은 결과를 가져다 주었기 때문에 위험한 일은 끝났다고 생각했다. 그러나 두번째 발열은 에드워즈의 연약한 몸이 더 이상 견딜 수 없었기에 3월 22일 54세의 나이로 생을 마감하였다. 그가 마지막 남긴 말들은 그가 살았던 생애를 말해 주는 것이다. 임종시 머리맡에 있었던 사람들은 생각했다. 그는 의식의 세계로부터 떠났으니 다시는 듣거나 말할 수 없을 것이다. 그래서 그들은 교회가 당한 슬픈 상실과 아픔을 애도할 수 밖에 없었다.

"하나님을 의지하시오. 여러분은 걱정할 필요가 없소."

이 마지막 한 마디 말에 모두가 압도되었을 뿐이다.

에드워즈의 갑작스런 사망 소식이 그의 아내와 자식들에게 전해졌을 때 그의 아내는 아직도 스탁브리지(Stock-bridge)에 있었다. 그는 자신의 아내에게 마지막 인사말을 남겼다.

"내 아내에게 전해 주시오. 오랫동안 우리 사이에 있었던 신비한 연합은 내가 믿은 대로 영적인 성질의 것이었으므로 영원히 계속될 것이오."

이런 뜻밖의 섭리는 에드워즈에게 있어서 각오되어 있었던 것이다. 그는 오랫동안 내세의 위대한 실재성들에 대해 잘 알고 있었기 때문에 바울처럼 말할 수 있었다. "내게 사는 것은 그리스도니 죽는 것도 유익함이라." 또 그의 청교도 조상들 중의 한 분이 말씀한 대로 "내게 있어서 죽음은 장소의 변경이지 교우의 변화는 아니다"라고 말했다. 에드워즈의 딸 수잔나(Susannah)가 프린스톤에 있었던 언니 에스더에게 보낸 편지는 자기 아버지가 스탁브리지를 떠나 가시던 모습을 상기시켜 준다.

아버지는 다시는 돌아오지 못할 것임을 알고 계셨던 것처럼 하고서 교우들과 가족들 곁을 떠나가셨다. 그 주일 오후에 '우리에겐 불변의 도시란 없으니 천성을 바라봅시다'라는 제목으로 설교했다. 봉독한 본문은 사도행전 20장이었다. 이 얼마나 적절한 내용인가! 그 이상으로 할 수 있는 일이 무엇이겠는가? 아버지께서 문 밖으로 나와 돌아서서 '하나님께 여러분을 맡깁니다'라고 말씀하셨다. 우리가 하나님을 잊어버리지 않는다면 하나님께서 우리를 아버지처럼 돌보아 주실 것을 의심치 않는다.

에스더 부르(Ester Burr)는 1758년 4월에 그녀의 짧은 생을 마감하였고, 그녀의 어머니 에드워즈 부인도 48세의 나이로 그해 10월에 하늘의 부름을 받았다. 이와 같이 1년 사이에 같은 대학의 두 학장과 두 부인은 이 세상의 수고로부터 해방되었다. "그렇게 겹친 강타로 말미암아, 연속적으로 수개월 내에 미국 교회는 아마도 짧은 시간 내에는 결코 회복될 수 없을 손해를 입었다"고 드와이트(Dwight)는 논평했다.

　질병도 사인이었으나 무엇보다도 한 사람의 고독한 목회가 노스햄프턴 교회로부터 입은 큰 상실감과 스탁브리지에서 했던 수고로 말미암아 지쳐 있던 에드워즈를 영원한 안식처로 초대하신 하나님의 뜻이 있었을 것이다. 또한 잠시 동안이나마 헌신적인 내조를 아끼지 않았던 에드워즈 부인의 손길이 없었을 때에 건강을 해치는 데에 노출되어 있었던 것도 큰 요인이 되었다.

제11장

에드워즈에 대한 종합 평가

1. 에드워즈의 공헌

에드워즈가 자기자신의 세대에 끼친 직접적인 효과는 대단하였다. 그의 설교로 말미암아 일어났던, 눈으로 볼 수 있었던 열매들은 뉴잉글랜드에서 그 무엇과도 결코 바꿀 수 없을 정도였다. 불쌍한 영혼들에게 행한 설교들로 인하여 일어난 직접적인 영향에 대한 숱한 증언들이 있다. 그 중 한 사람은 심판날에 대한 설교를 듣고 이렇게 표현했다.

에드워즈의 마음속에 묻혀 있는 감화력은 살아 움직이는 완벽한 것이었다. 완전히 마음속에 그려져 있었다. 에드워즈가 설교를 끝마치자마자 심판자가 내려오시고 최후 심판이 집행되는 것 같았다.

2. 설교의 특징

얼핏 보면 에드워즈의 능력이 어디서 나오는지 알 수 없을지도 모른다. 강단에서 제스처, 스타일, 웅변은 거의 없었다. 키는 약 180센티 미터 정도의 호리호리한 모습이었다. 거의 부동자세로 설교하였다. 부드러움과 진지함이 섞여 있는 가냘픈 얼굴은 건물의 먼 지점을 향해 있거나 아니면 대개는 왼손에 들고 있는 원고를 향하고 있었다. 왜냐하면 적어도 생애 말기까지 자기 설교의 대부분을 써서 읽은 편이었기 때문이다. 왼쪽 팔꿈치는 방석이나 성경 위에 걸치고 오른손은 거의 들지 않았으나 깨알 같아서 잘 읽을 수 없는 노트들을 뒤집는데에만 사용했다. 이런 사실들로 미루어 보아, 에드워즈는 사도 시대 이후 가장 성공적인 설교자들 중의 한 사람이었음을 더 이상 설명할 필요가 없다. 그는 어떤 자연적인 단어나 세속적인 단어로써 해석을 명쾌하게 하였다.

스탁브리지에서 에드워즈가 사역할 당시 어린아이였던 한 사람이 자라서 다음과 같이 그 당시의 상황을 회상하였다.

> 회중들은 2시간 이상 걸리는 설교 시간에도 움직이지 않고 똑바로 앉은 채 경청하였다. 진리가 도저히 항거할 수 없는 중력으로 회중들의 마음을 압도하고 있었다. 거의 설교를 마칠 즈음에는 그렇게 빨리 끝마치는가 하여 다소 실망하는 듯하였다.

그러한 결과들이 똑같이 다른 지역에서 행한 설교에서도 나타났다. 예를 들면 신앙에 대한 관심이 현저히 줄어들었을 때에, 엔필드(Enfield)를 방문했던 어느 목격자는 증언했다.

제11장 에드워즈에 대한 종합 평가 **165**

　　사람들이 집회소에 들어왔을 때, 그 회중들은 경솔하고 우쭐대는 모습이었다. 그들 대부분은 예의바르고 품위 있는 행동을 하지 않고 있었다. 노스햄프턴에서 오신 에드워즈 목사께서 설교했다. 설교가 끝나기도 전에 회중들은 깊은 감화를 받았다. 자신들의 죄와 위험에 대한 큰 뉘우침으로 무릎을 꿇었다. 계속 회심에 잠기고 울음소리 때문에 설교할 수 없어서 조용히 해 달라는 부탁을 하였다.

　　에드워즈가 설교자로서, 그리고 작가로서 갖고 있는 특징은 영혼을 사로잡는 복음의 위대한 진리들을 그가 고수한다는 것이다. 그리고 그러한 성령의 내적인 사역은 에드워즈의 영력(spiritual power)에 대한 가장 진실된 설명이 될 것이다.

　　에드워즈가 하는 것처럼 사역하면, 언제나 다른 보통 사람들로부터 원한을 사게 된다. 그 뒤에도 아직 사라지지 아니한 숱한 오해들이 남아 있다. 전기 작가들이 잘못 씀으로써 에드워즈보다 더 많은 수난을 당한 사람은 없을 것이다. 에드워즈의 신학에 대해서 잘 모르는 전기 작가들은 성경에 대한 그의 애착심보다는 그의 인간성에 대해 열중했다. 그의 굉장한 사고력은 그의 말씀에 대한 애착심보다는 그의 인간성에 대한 칭송으로 말미암아 전기를 쓰는 사람들의 주목을 끌었다. 우리는 이러한 한두 가지 오해들을 말하지 않으면 안된다.

　　그의 설교는 종종 무자비할 정도로 엄격하고 가혹하였다. 특히 죄인들에 대한 하나님의 분노와 그들이 받을 형벌에 있어서 하나님의 공의를 설교할 때에 더욱 그러하였다. 에드워즈에 대한 비난은 설교 내용에 대한 것이었지 설교 태도에 대한 것은 아니었다. 그 이유는 에드워즈의 본래 성격이 온화하고 부드럽다는 것을 부정할 사람이 아무도 없었기 때문이다. 비위를 거슬리게 하는 것은 사람이 아니라 교리였다. 에드워즈는 죄의 결과들에 대해 성경이 묘사하는 것보다도 더 무섭게 경고하는 식으로 묘사하는가? 에드워즈는 현세와 내세에서 평안과 기쁨이 전혀 없는, 현재의 진노 아래에 있는 자연인을 묘사하는 데 있어서 성경계시보다도 오히려 앞선 것은 아닌가? 그러나 우리가 인정하는 바, 그는 전혀 그렇지 않으며 오히려 그렇게 비난하는 사람들이 그런 진리들의 무한한 중요성을 깨닫지 못한 사람들이다. 에드워즈가 다음과 같이 설교하지 않으면 안되었던 것은 바로 그런 사람들 때문이었다.

지금 여기에 편안히 앉아서 위대하신 하나님의 진노와 지옥에 대한 말을 듣고도 무관심하게 지나쳐 버린다면 여러분들은 곧 머지않아서 흔들리며 부들부들 떨게 될 것입니다. 이를 갈 것입니다. 지금 등한시하고 있는 이런 일들의 중요성과 심각성을 알고 뉘우치게 될 것입니다. 그러나 그때엔 깨닫기 위해서 설교를 들을 필요가 없습니다!

여기 전체 회중 가운데 이러한 어떤 한 사람이 있었다고 가정한다면, 그가 그런 비참한 불행의 대상이 되었다는 것을 알고 있다면, 어찌 끔찍한 일을 생각하지 않을 수 있겠습니까? 그리고 우리가 그 사람이 누구인지 알고 있다면, 우리가 그 사람을 볼 때에 얼마나 비참하겠습니까! 어떻게 나머지 모든 회중들이 일어나 그를 위해서 슬퍼 애도하며 부르짖지 않겠습니까? 아! 슬프도다! 얼마나 많은 사람들이 지옥에서 이 설교를 기억할까요? 그리고 올해가 다 가기 전, 순식간에 지옥에 있지 않을 수 있는 사람이 현재 얼마나 될지 의문입니다. 이 집회소의 좌석에 건강하게 조용히 안전하게 앉아 있는 사람들 중 몇몇은 내일 아침이 오기 전에 지옥에 앉아 있을 것입니다.

그와 같은 설교는 사실상 엄격하고 깜짝 놀라게 하는 것이지만 아주 실제적인 것이었다. 무자비함을 나타내려는 것이 아니었다. 또 그것은 때가 이미 늦은 데도 불구하고 아직 각성하지 못하고 있는 안타까운 청중들을 위하여 진리를 분명하게 전달해 주기 위해 에드워즈가 진 무거운 짐이었다.

멕퀸(McCheyne)은 다음과 같이 탄식하였다.

> 우리가 당신들을 더 사랑하였더라면, 지옥에 대해 더 많은 것을 말해 주었을 텐데! 우리들은 당신들을 사랑하지 않기에, 불쌍한 당신들, 지옥 갈 죄인들인 당신들에게 경종을 울리지 않고 있다는 말이오.

그러나 위의 진리들은 에드워즈의 설교들 중에서 상당히 유명한 것으로서, 회심치 못한 사람들을 회심시키기에 가장 적절한 것으로 평가받았지만, 설교들의 유일한 주제는 아니었다. 풍부한 개인적인 체험을 가지고 있었기 때문에, 하나님을 즐거워하는 방법과 그리스도의 측량할 수 없는 풍성함으로 누릴 수 있는 방법을 신자들에게 가르쳐 줄 수 있었다.

에드워즈는 신도들이 거짓되고 천박한 편안함과 안일에 빠지는 것은 막았으나, 신앙의 잘못된 확신에 빠지는 것을 결국은 막지 못했다. 그의 가르침은 진정한 신자들을 우울하게 만드는 것이 목적이 아니었다. 그의 딸 에스더(Esther)의 경험도 다른 사람들과 마찬가지였다. 드와이트(Dwight)는 다음과 같이 회상하였다.

"그녀의 신앙이 그녀의 마음에 어두움을 주지 않았다. 오히려 그녀를 즐겁고 행복하게 해 주었다. 죽음에 대한 생각을 바꾸어 주었다."

에드워즈가 발휘한 위로의 기질에 대한 좋은 실례가 페퍼럴(Pepperell) 부인에게 보낸 편지에 담겨 있다. 그 부인은 자기의 아들을 잃고서 생긴 우울증에 시달리고 있었다.

…나는 부인에게 보내는 편지의 주제를 정하는 데 어려움을 겪지 않았습니다. 부인의 형편을 생각해보니 가장 적합한 것이 생각났습니다. 저는 다른 무엇보다도 무척 괴로워하고 계시는 부인에게 위로의 확실한 근원을 제시해 주는 것이 필요하다고 생각했습니다. 위로의 근원은 주 예수 그리스도입니다. 우리가 그분을 사랑하도록 만드시는 예수 그리스도의 친절하심입니다. 그러하니 그 주님을 우리의 유일한 소유로, 안식으로, 소망으로, 기쁨으로 삼으세요. 우리를 향한 그분의 사랑은 크시고 다른 것과 족히 비교할 수 없습니다. 왜냐하면 다른 주제는 상처 입은 영혼에게 순간적인 진통제밖에 되지 않기 때문입니다…우리의 모든 고통 속에서도 하나님께서 우리에게 영광과 사랑의 구속자를 주심으로 우리를 위로해 주시는 섭리가 얼마나 많으시며 적절한가요? 그분께서 고난과 고통을 당하심으로 우리가 위로 받게 되었습니다. 그분께서 사망의 흑암에 굴복됨으로써 우리가 생명의 빛을 얻었습니다. 그분께서 진노의 용광로 속에 던져짐으로써 우리가 기쁨의 샘물들을 마실 수 있게 되었습니다. 그분의 영혼에 슬픔이 홍수되어 범람하였으므로, 우리의 마음은 영원한 기쁨의 홍수로 넘칠 수 있게 되었습니다…죽음이

이 세상의 친구들을 빼앗아 갈지라도 그처럼 가장 귀하신 친구를 뺏지는 못할 것입니다. 우리는 능력의 구속자, 우리의 모든 괴로움 속에 동참해 주시는 가장 좋은 친구를 가지고 있습니다. 정말 우리가 그분과 연합하면 영원히 깨어지지 않고, 우리가 죽을 때나 천지가 없어질 때에도 계속될 것입니다. 그러므로 우리는 확신합니다. 땅이 없어진다 하여도 그분 안에서 우리는 영원한 기쁨의 승리를 이룰 것입니다. 지금 사나운 비바람과 폭풍우가 일어난다 해도 우리는 그분을 의지할 수 있습니다. 그분은 사나운 비바람을 피할 요새이며, 폭풍우가 몰아칠 때 피할 피난처이십니다. 우리가 목마를 때 마른 땅에서 솟아나는 샘물과 같으신 주님께 찾아갈 수 있습니다. 우리가 지쳤을 때 주님께 갈 수 있습니다. 그분은 지친 땅에서 큰 바위의 그늘이 되시는 분이십니다. 그분은 지금 어두움 속에서 우리의 빛이시며, 다가오는 새 날의 전조등처럼 빛나는 우리의 새벽별이십니다. 그리고 우리의 해가 다시는 지지 않을 것입니다. 끼어 있는 구름도 없을 것입니다. 주님의 얼굴에 가리운 것이 없을 것입니다. 우리의 마음도 그럴 것입니다. 주님은 우리의 꺼지지 않는 빛이 되시며, 우리의 구주는 우리의 영광이 될 것입니다.

미국의 유명한 역사가 벤크로프트(Bancroft)는 에드워즈가 자기의 시대에 끼친 영향을 이렇게 요약하여 말했다.

"17세기 중반에 뉴잉글랜드인들의 마음에 일어난 일들을 알고자 하며, 또 그 마음에 일어났던 진동들을 알고자 하는 사람은 조나단 에드워즈를 연구하는 데 밤낮을 가려서는 안될 것이다."

3. 저서가 남긴 영향력

　에드워즈가 수고한 직접적인 결과도 엄청난 것이었지만 간접적인 효과도 대단한 것이었다. 그의 작품들과 발행된 설교문들은 에드워즈를 보지도, 듣지도 못했던 무수한 사람들에게 영향을 줄 수 있었다. 부흥에 관해 이야기할 때 에드워즈를 능가할 수 있는 것이 아무것도 없었다. 부흥에 관한 그의 책들은 표준 교과서들이 되었다. 거기에는 "사역자들과 신도들 모두에게 사도행전에 기록되어 있는 것과 유사한 정도로 성령의 부으심이 있었으며, 현재에도 정상적으로 일어날 수 있을 것이라는 사실에 대해 개방되어 있었다"라고 기록되어 있다.

　에드워즈의 설교문은 많은 설교자들에게 영향을 주었다. 설교문의 스타일에 있어서 모델이 되었고 죄인들의 회심을 위해서 하나님께 가장 뛰어난 복을 받은 형태였다. 에드워즈와 같이 "많은 사람을 옳은 데로 돌아오게 한 자는 별과 같이 영원토록 비취리라"(단 12:3)는 것을 소원하는 설교자들에게 표준(standard)으로 간주되었다.

　에드워즈의 저서를 통해서 알게 되었던 많은 사람들이 에드워즈의 가치를 평가하고 있다. 그 유명한 존 뉴톤(John Newton)에게 질문을 던졌다.

　"지금까지 만나 본 설교자 중에서 가장 위대한 설교자는 누구인가요?"하고 물었을 때 "휫필드(Whitefield)입니다"라고 대답했다. "그러면 가장 위대한 신학자는 누구인가요?"라고 물었을 때 "에드워즈입니다"라고 대답했다.

　영국의 침례교 지도자 로버트 홀(Robert hall)은 "나는 에드워즈를 사람의 아들들 중에서 가장 위대한 사람이라고 생각한다"고 피력하였다.

　존 엘리아스(John Elias)와 토마스 찰머즈(Thomas Chalmers) 같은 19세기 초의 웨일즈와 스코틀랜드에서 가장 우수한 복음주의 지도자들과 사역자들은 에드워즈의 저서들을 숙독하고 많은 영향을 받았다. 오웬 존즈(Owen Jones)는 엘리아스가 연구하였던 세 명의 주요한 저자들 가운데 한 사람으로서 에드워즈를 언급하였다. 찰머즈 박사는 에드워즈에 대해 "나는 오래 전부터 그를 존경하고 있습니다. 전례가 없을 정도의 심오한 지식을 경건과 잘 조화시킨 가장 위대한 신학자입니다"라고 평가하고 있다.

　에딘버러에 있는 신학관(Divinity hall)에서 공부하는 찰머즈의 제자들인 로버트(Robert), 머레이(Murray), 멕퀸(McCheyne) 같은 젊은이들은 그들 교수의 견해를 체험적으로 배웠기 때문에 부흥에 관해 잘 알고 있었다. 우리는 에드워즈의 간접적인 영향력이 앞으로도 결코 중단되지 않을 것이라고 믿는다. 그리고 성경적 기독교의 부흥이 있는 곳마다 노스햄프턴과 스탁브리지의 한 신실한 목사의 설교문과 저서들을 통해 다시 지도받아야 할 것이다.

4. 영력의 근원

　그의 사역의 능력은 내면 생활의 저변에서 나온 것이었다. 에드워즈는 하나님의 엄숙한 임재의식 가운데 살았다. 그리스도께 대한 사랑과 그리스도의 형상을 이루고자 하는 열망이 동기가 되어 자기 훈련과 일찍 일어남으로써 시간을 벌었다. 은밀한 기도와 하나님 말씀

연구에 몰두하였다. 그의 깊은 지식은 그의 경건으로부터 나온 것이며, 영원한 진리들로 말미암아 심오한 감동을 받았다. 에드워즈의 설교를 들을 때에 사람들이 즉각적인 반응을 나타내는 이유는 그러한 내적 자질들로 말미암은 것이었다. "은밀한 믿음의 실천 중에서 특별히 하나님과의 계속적이며 건실한 교통이 사실상 다른 사람들 앞에서 얼굴을 빛나게 하는 것이다. 그의 외모, 인상, 언어, 모든 행동에는 진지하고 침착하고 신실한 것이 드러나 있었다. 그런 것이 그의 마음 속에 있는 신령한 감정을 나타내 주는 것이다. 그리고 계속적으로 하나님을 두려워하면서 사는 삶을 나타내 주는 것이다.

그가 주장한 복음에 대한 교리들은 단순히 추상적인 이론이 아니라 아주 실제적인 것들이다. 믿음으로 발견하고, 충만한 진리와 생명과 뜨거운 열심을 가지고서, 자기 마음에 갖고 있었던 것들을 청중들에게 강하게 전달해 줄 수 있었다. 어느 누군가 웨스트(West) 박사에게 물었다. "에드워즈가 유창한 설교가였나요?" 웨스트 박사는 다음과 같이 대답했다.

그가 웅변 때문에 우리 도시에서 유명해졌다고 생각하면 잘못입니다. 그는 세련된 목소리도 아니었으며 강한 목소리로 강조하지도 않았습니다. 거의 제스처를 쓰지 않고 똑바로 서서 움직이지 않았습니다. 그는 자기 취미를 만족시키기 위해 그리고 상상력을 매혹시키기 위해 자기의 우아한 스타일이나 잘생긴 용모를 사용하지 않았습니다. 그러나 웅변의 힘으로 청중들에게 중요한 진리를 전파하였다고 생각하며, 타인을 완전히 압도하는 주장과 강사의 온 영혼을 주장하는 설교 마디 마디에 쏟아 붓는 강렬한 감정으로 설교한 결과 전체 청중의 건전한 관심을 시종 사로잡아 버렸습니다. 지위

질 수 없는 감동들이 남아 있었습니다. 에드워즈는 내가 지금까지 들어 본 사람 중에서 가장 훌륭한 웅변가였습니다.

5. 에드워즈에 대한 오해들

더 나아가서 에드워즈에 대한 일반적인 오해는, 너무 신학적이어서 실제적이지 못하고, 교리에 대해서는 밝지만 일상생활은 잘하지 못하는 일종의 학구적인 수도사라는 것이다. 이런 부정적인 견해가 믿을 만한 것이 못 된다는 것은 앞에서 이야기하면서 충분히 설명되었다. 하지만 매우 흔한 오해가 문제시되었으므로 답해야 할 필요가 생겼다. 신학에 대해선 무관심한 당대의 유명한 미국 목사들은 기독교인의 의무 실천을 강조한 나머지 기독교 진리에 대한 교리적인 지식을 중요치 않은 것이라고 비판했다. 에드워즈에게는 심각한 오류들이 있지 않았다. 참된 신성에 대한 건전한 지식은 그에게 있어서 절대 필요한 것이었다. 그런 것 없이 실제적이거나 영적인 체험이 있을 수 없었다. "이해하지 못하는 사람은 믿음이나 그 어떤 은혜도 받을 수 없다"고 에드워즈는 주장했다.

6. 교리와 실천

사랑도 사랑의 기초인 서로의 앎을 요구한다. 모르는 대상을 사랑할 수 없기 때문이다. 에드워즈에게 있어서 성경의 제1차적인 목적은 지식을 전달하는 것이다. 모든 독자의 제1차적 목적은 진리를 이해하고자 하는 것이다. 지식이 없으면 하나님께서 우리의 행동을 다스리시기 위해서 주신 모든 교훈들은 무익한 것들이 될 것이다. 교리는 한 사람의 생을 무력화시키는 것이 아니라 오히려 생을 준비시켜 주는 것이다. 이 세상에 살고 있는 한 신자의 쓸모는 하나님의 말씀을 어느 정도 이해하고 있느냐의 정도에 따라 달라진다. 이것은 '신적 진리에 대한 완벽한 지식의 중요성과 이점'(The Importance and Advantage of a Thorough Knowledge of Divine Truth)이란 위대한 설교에서 에드워즈가 주창한 주제이다.

사실상 에드워즈는 자기의 일상생활 속에서 행할 수 있는 능력을 보여 주는 몇 가지 실례들을 남겼다. 스탁브리지에 있는 비양심적인 상인들은 오랫동안 다른 사람들을 속여서 자기들의 사업을 확장시켜 왔다. 그러하던 사람들이 자기 마을의 목사 때문에 그만두게 되었던 것이다. 그의 현실성 있는 지혜로 말미암아 자기 책임하에 있는 학교들에 규율을 도입시켜 매우 잘 실행시켰다.

에드워즈는 "어린이들의 수업은 즐겁고 재미있고 유익한 것이 되어야 한다. 아무런 흥미나 유익이 없는 딱딱하고 지루한 일이 되어서는 안된다"고 했다. 교사는 지식에 대한 욕구를 자극시켜야 하고, 어린이로 하여금 이해하지 않은 상태로 암기하도록 해서는 안되며, 어린이의 수준보다 월등한 방식을 도입함으로써 동떨어지게 해서도 안된다. 어린이에게는 그 수업의 주제들과 관련 있는 그리고 잘 알고 있는 질문들이 던져져야 한다. 그리고 어린이는 격려를 받아야 하며, 자유롭게 말할 수 있도록 유도되어야 하며, 의심스러운 것을 해결하기 위해 여러 차례에 걸쳐서 질문할 수 있도록 도와줘야 한다. 그와 같은 견해들은 에드워즈를 신학과 형이상학의 분야에서만 유능한 사람으로 간주하는 사람들에게 최선의 대답을 주는 것이 될 수 있을 것이다.

7. 신학적 경향

어릴 때부터 막연하게 신학적 유산을 조상들에게서 그대로 답습하지 않았다. 어렸을 때에는 예정론에 대해 지식적으로 반기를 완강하게 들었다. 절대 주권에 대해 기꺼이 확신하게 된 때는 그가 회심하게 되었을 때였다. 성경과 자연 속에 계시되어 있는 하나님의 영광에 대해서도 새로운 깨달음이 생겼다. 바로 이렇게 해서 에드워즈의 경건의 뿌리가 생기게 되었다. 영광의 하나님을 이해하고 그리스도의 위대함과 아름다움을 맛봄이 즉각 영혼에 빛으로 와 닿았다.

청교도주의와 개혁주의 신학의 영향을 받으면서도, 뉴톤과 존 로크와 같은 캠브릿지의 플라톤 학파와 영국 철학과학자(philosopher-scientist)들의 논리와 접근법을 연구하고 응용하였다. 연구방법과 표현법은 당대의 철학자들의 장점을 받아들이면서 내용적으로는 칼빈주의를 실질적으로 회복시키는 일을 미국에서 최초로 했던 신학자였다. 자기 스스로 개발한 연구체계를 이용하여서 당대의 모든 신학적 모순들을 반박하고 변호할 수 있었다. 그의 신학적 업적은 방법상에 있어서 철학적 용어를 사용하여 합리적인 설명을 해 내었던 점이다. 내용상으로는 정체된 칼빈의 기본 교리를 열정적인 교리로 회복시켰던 것이다. 그는 교리를 복음으로 생각할 정도였다. 이점은 현재 한국 교회가 당면한 신학적 과제라고 할 수 있다. 최근 얼마 전까지만 해도 지나칠 만큼 조직신학에 의존적이었다. 그리하여 교인의 기본 교리를 정립하는 데에 큰 기여를 하였으나 그것을 통하여 신앙의 정립 다음의 단계로 나아가는 데는 한계가 있었다. 최근에 다소 '성경신학' 방면으로 회귀하여 그런 한계를 극복하려 하였으나 다시 성경지상주의(biblicism)로 끌려 가고 말았다. 바로 그런 모순과 부족에 대한 대안이 '에드워즈 신학'이라고 저자는 감히 말하고 싶다. 에드워즈 신학이라고 해서 별난 것이 아니라, 칼빈주의 신학의 갱신이요, 회복이다. 부흥된 칼빈주의 신학이요, 살아 있는 교리신학이다.

성자요, 철학자요, 부흥운동가요, 신학자인 에드워즈는 식민지 아메리카의 지적 생활에 있어서 정말 위대한 한 인물이다.

-벤저민 B. 워필드(Benjamin B. Warfield)-

조나단 에드워즈보다 더 기독교의 현상태에 대해 관심을 가지고 있었던 사람은 아무도 없다. 그는 실력 있는 신학자이면서 동시에 위대한 전도자였다…그는 뛰어난 부흥신학자였다. 만약 당신들이 참된 부흥에 대해 무언가를 알고자 한다면 에드워즈와 상의해야 한다. 부흥운동은 사람들이 두 권짜리 에드워즈 전집을 읽은 결과로써 시작되었다.

-로이드 존스(D. M. Loyd-Jones)-

그의 신학은 제3의 영적 부흥기를 경험한 세대였던 구프린스톤 신학자들과 그들의 신학을 애호하는 사람들에게 지대한 영향을 끼쳤다. 그러나 20세기 초의 부흥이 사라진 현재까지 에드워즈의 신학은 인기가 없는 것이 되었다. 그럼에도 불구하고 현재에 부흥이 있기를 사모하고 기도하며 기다리고 있는 신실한 그리스도인들에게는 늘 사랑을 받아왔던 것이 사실이다. 그러나 현재 세계적인 영적 추이로 볼 때에 우리는 다시 그의 먼지 앉은 작품과 신학을 창고에서 끄집어 내어 오지 않으면 안되게 되었다. 이상하게 한국에서는 그의 신학을 연구한 신학자들이 거의 없을 정도이다. 그 이유는 한국교회와 신학교에 그의 신학을 필요로하여 가르쳐야 했던 시대는 이미 부흥기가 지나가버린 시기였기 때문이다.

8. 시대와의 연관성

에드워즈가 죽은 지 벌써 250년이 다 되어 가는 동안 많은 변화들이 하나님의 교회에 일어났다. 그러면 그의 삶이 우리에게 가져다 준 것은 무엇인가? 그의 사역은 우리의 시대와 어떤 연관성이 있는가? 에드워즈의 신학은 18세기의 물레와 등잔불과 같이 시대에 뒤진 것인가? 하나님의 나라를 발전시켰던 진리와 방법들이 녹슬고 오래된 갑옷처럼 고전적인 분위기를 풍기는 장식으로는 적당하지만 남은 전쟁들을 위해서는 부적합한 것처럼 보이는가? 그런 문제들은 우리가 막을 내려야 할 최종적인 고찰들이다.

에드워즈의 삶과 사역에 의해 우리에게 주어진 많은 교훈들이 그 동안 무시되었다. 하나님의 거룩하심과 축복, 깊은 연구와 능력 있는 설교, 교리와 실제의 연결은 오늘날 다시 연구되어야 할 필요가 있는 문제들이다. 한 목사의 가치는 그의 외부 활동에 달려 있지 않고 내면 생활에 달려 있다. 복음의 최대 성공은 조직, 홍보, 캠페인에 의해 이루어지지 않았음에도 그런 사실들이 널리 잊혀졌다.

하나의 최대 교훈은 우리가 들은 모든 것들보다 더 분명하다. 에드워즈는 우리가 그와 세대 차이가 있는 것처럼, 시대적으로 종교개혁자들과 차이가 있었다. 에드워즈 시대에는 1, 2세기 전에 널리 인정되었던 교리들이 그 명성을 잃었다. 총체적인 의심이 널리 퍼져 있었다. 비록 교리들이 조상들의 시대에서는 승리하였었지만 에드워즈 시대에는 낡아졌으며 힘을 잃었다. 그렇지 않으면 최소한 수정될 필요가 있었으며, 18세기의 취향에 맞도록 순화시킬 필요가 있었다. 청교도들의 후예들은 자신들의 처지를 부끄럽게 여겼으며, 예를 들어 닫드리지(Doddrige)와 왓츠(Watt) 같은 분들은 자기네들의 조상들이 애착을 갖고 고수했던 진리들을 변증하려 들지 않았다. 그리하여 알미니안주의 신학이 널리 만연되었다. 하나님의 절대 주권 사상은 부정되고 간과되었다. 중생에 있어서 성령의 사역은 사람의 '의심스러운 선택 능력'에 의해 대체되었다. 에드워즈가 1731년 보스톤 공개 강연에서 '사람이 의지할 때에 영광 받으시는 하나님'(God glorified in Man's Dependence)이란 주제로 외부 세계에 처음으로 설교하였을 때, 그 설교는 신기원적인 것이 되었다. 그 젊은 설교자는 나이든 분들에게 도전을 주었다. 위대한 챔피언이 옛날에 불신 받은 신학을 변호하기 위해 일어나 사람들로 하여금 옛 길들을 뒤돌아 보도록 하였던 것이 분명하다. 확실성의 강조와 강한 어조로 말미암아 성경의 교리들과 종교개혁자들의 신앙이 다시 강조되었다. 에드워즈가 잊지 못했던 기념비적인 설교의 끝부분에서 표현했던 확신은 곧장 기독교계 전체에 걸쳐서 감동을 주게 되었다.

하나님을 절대적으로 의지하지 않는 단순한 신성에 관한 교리들과 체계들은 하나님의 영광을 떨어뜨립니다. 그리고 우리의 구속을 위한 모략의 고안을 방해 놓습니다. 우리의 구속에 있어서 사람을 아버지와 아들과 성령의 자리로 끌어올리는 교리들이 됩니다. 우리가 구속자의 은사를 얻기 위해서는 하나님을 의지해야 합니다. 그 교리들은 구속자로부터 어떤 이익을 얻기 위해서 하나님을 의존하는 것을 절대적으로 부정합니다. 우리를 구속하는 일을 위해 아들을 절대 의존하는 것은 인정합니다. 회심을 위해서 성령을 전적으로 의존하는 것을 인정하지 않습니다. 은혜의 방편을 위해서 하나님을 의존해야 할 것이라고 주장합니다. 그러나 그런 방편들의 성공을 위해 절대적으로 의존하는 것은 인정하지 않습니다. 거룩을 얻고 연습하기 위해 하나님의 능력을 부분적으로 의존하는 것만을 인정합니다. 그러나 하나님의 단독적이고 주권적인 은혜에 대한 온전한 의존은 부인합니다. 모든 것을 위해 하나님을 전폭 의지하지 않는 계획이라면, 복음의 의도와 취지에 어긋나는 것입니다. 복음의 빛과 영광을 흐리게 만드는 것이 됩니다.

9. 새겨야 할 교훈

복음의 회심케 하는 능력이 우리 한국 교회에서 대부분 사라진 이유는 무엇인가? 왜 우리는 회중들이 죄를 뉘우치고 깨어지며 각성하는 일을 볼 수 없는가? 우리가 예상치 못했던 답변이라 할지라도 그 답변을 부정하지 말자. 우리는 진리의 영광을 위해서 열심이신 하나님을 방해했기 때문이다. 사람의 타락한 본성과 잘 어울리는 신학적 오류들이 가시적 교회에 다시 퍼졌기 때문이다.

알미니안주의는 또 다시 유행하는 신학(fashionable theology)이 되었으며, 우리가 그런 사실을 인정하고 개선할 때까지는 어떠한 부흥도 기대할 수 없을 것이다. 에드워즈는 진심으로 주장한다.

"하나님께서 사람들이 자기의 죄악 때문에 당할 무서운 심판을 면하여 주시기 전에 사용하시는 첫번째 방법은 심판을 자초하게 되었던 죄악들을 버리게 하심이다."

우리 조상들의 순수한 하나님과 그분의 말씀으로 돌아가라는 요청은 에드워즈의 작품들이 우리 영혼에 남긴 최고의 교훈이다. 한때 거의 땅에 떨어졌던 진리를 흔들리지 않고 용감하게 변증한 모범과 그의 사역에 함께 동행하신 하나님의 손길에 대한 추억을 우리들의 마음에 길이 간직하자. 우리가 추구해야 할 성공은 진리와 기도에 대한 성공이지 숫자나 재능이나 활동에 대한 것이 아니다. 하나님의 말씀에 충실한 사람이 축복받을 것이다. 그것이 깨달아지면 현재와 미래에 두려워할 것이 아무것도 없다. 왜냐하면 하나님은 "진실한 입술은 영원히 보존되거니와 거짓된 혀는 눈 깜짝일 동안만 있을 뿐이니라"(잠 12:19)고 말씀하셨기 때문이다.

◆ 조나단 에드워즈 생애의 연대기 ◆

1703년 커넥티컷주의 동윈저에서 출생
1715년 첫 작품 "곤충기"(Of Insects)
1716년 예일 대학 입학
1720-1722년 예일 대학에서 신학석사 공부
1722년 뉴욕장로교회에서 임시 목사
1724년 예일 대학 강사로 채용
1726년 메사추세츠주의 노스햄프턴 교회의 부목으로 부임
1727년 사라 피에르폰트와 결혼
1731년 보스톤 제일교회에서 설교(제목: 인간의 의존 속에서 영광 받으시는 하나님)
1734년 노스햄프턴에서 영적 대각성 발발
1737년 『영적 대각성 보고서 작성』(A Faithful Narrative of the Surprising Works of God)
1738년 『사랑의 열매』(Charity and Its Fruits)
1739년 『에드워즈의 회심에 대한 이야기』(Narrative of His Conversion)
1741년 『성령의 사역의 증거들을 분별함』(The Distinguishing Marks of a Work of the Spirit of God) 출간
『진노하시는 하나님의 손 안에 든 죄인들』(Sinners in the Hands of an Angry God)이라는 제목의 설교를 커넥티컷주의 엔필드에서 행함.
1742년 『현재 뉴잉글랜드의 부흥에 대한 입장』(Some Thoughts

	Concerning the Present Revival of Religion in New England) 발표 및 출간
1746년	『신앙의 열정』(A Treatise Concerning Religious Affections) 출간
1747년	친구 선교사 데이빗 브레이너드 에드워즈의 집에서 사망
1748년	노스햄프턴 교구에서 반대 표명 시작
1750년	노스햄프턴 교회에서 해직 당함 - 고별설교
1751년	메사추세츠주의 스탁브리지에서 인디언들에게 선교사로, 작은 교회 목사로 취임
1754년	『현대의 자유의지 개념에 대한 비판적 고찰』(A Careful and Strict Enquiry into the Modern Prevailing Notions of Freedom of Will) 출간
1755년	『참된 덕의 본질과 천지창조의 목적』(The Nature of True Virtue and The End for Which God Created the World) 탈고(1765년 출간됨)
1757년	뉴저어지 대학(현 프린스톤 대학)의 학장으로 선임
1758년	학장 취임
	『원죄 교리』(The Great Christian Doctrine of Original Sin Defended) 출간
	3월 22일 천연두 사망

CHRISTIAN LITERATURE CRUSADE

기독교문서선교회는 청교도적 복음주의신학과 신앙을 선포하는 국제적, 초교파적, 비영리 문서선교기관입니다.

기독교문서선교회는 한국교회를 위한 교육, 전도, 교화에 힘쓰고 있습니다.

만일 당신이 예수 그리스도와 그리스도인의 생활에 대하여 알기를 원하시면 지체말고 서신연락을 주십시오. 주 안에서 기쁜 마음으로 도움을 드리겠습니다.

서울 서초구 방배동 983~2
Tel. 586-8761~3

기독교 문서 선교회

■ 저자 약력 ■

· 고신대학교 졸업
· 총신대학교 신학대학원 졸업
· 미국 리버티 대학교 대학원 졸업
· 열방교회 담임목사
· 에드워즈 신학 연구회 대표

조나단 에드워즈의 생애

저　　　자 ·	정 부 홍
발 행 인 ·	박 영 호
편집디자인 ·	김 현 경
교　　　정 ·	윤 재 영
영　　　업 ·	김 준 식
발 행 처 ·	기독교문서선교회
발 행 일 ·	1999년 6월 30일
등　　　록 ·	1980년 1월 18일 제16~25호
주　　　소 ·	서울시 서초구 방배동 983-2
전　　　화 ·	586-8761~3
E - m a i l ·	clckor@chollian.net
F A X ·	523-0131
온 라 인 ·	국민은행 043-01-0379-646(보통)
	조흥은행 350-4-070050(보통)

〈낙장 · 파본은 교환해 드립니다〉
ISBN　89-341-0546-1(03230)